Skaarup · Vegetarische Vollwertküche

Kirsten Skaarup

Vegetarische Vollwertküche

Reformkost für alle Tage

BLV Verlagsgesellschaft
München Wien Zürich

CIP-Titelaufnahme der Deutschen Bibliothek

Skaarup, Kirsten:
Vegetarische Vollwertküche: Reformkost für alle Tage / Kirsten Skaarup.
[Übers.: Hanne Harbo Andersen]. –
2., durchges. Aufl. –
München; Wien; Zürich:
BLV Verlagsgesellschaft, 1988.
Einheitssacht.: Vegetarisk køkken ⟨dt⟩
ISBN 3-405-13535-4

2., durchgesehene Auflage von *Reformkost für alle Tage*

Titel der dänischen Originalausgabe:
Vegetarisk køkken

Übersetzung: Hanne Harbo Andersen

8000 München 40

Fotos und Titelfoto: Studio Teubner, Füssen
Zeichnungen: Waltraud Berger

Gesamtherstellung: Pustet, Regensburg

Printed in Germany · ISBN 3-405-13535-4

Abkürzungen

EL	Eßlöffel
TL	Teelöffel
g	Gramm
kg	Kilogramm
dl	Deziliter
l	Liter

Zu den Rezepten

In manchen Rezepten werden Zutaten verwendet, die Sie ohne Einfluß auf das Gelingen austauschen können:

Speisestärke Verwenden Sie Kuzu (siehe Seite 14).

Mehl, Weizenmehl Type 405 Verwenden Sie Vollweizenmehl (siehe Seite 17). In Backrezepten, in denen neben Vollmehl, Schrot oder Flocken auch Weizenmehl Type 405 verwendet wird, sollten Sie dieses nicht voll austauschen. In der Mischung trägt die Kleberwirkung des hochausgemahlenen Mehles zu einer besonders guten Backeigenschaft bei. Wenn sie aber Weizenmehl Type 405 durch Vollweizenmehl ersetzen, braucht der Teig in der Regel etwas mehr Flüssigkeit und sollte ca. ½–1 Stunde quellen.

Backpulver In Naturkostläden und Reformhäusern gibt es Weinsteinbackpulver, das keine schädlichen Stoffe enthalten soll und dem gewöhnlichen Backpulver vorzuziehen ist. Anwendung nach Packungsaufschrift.

Rohzucker Sie sollten ihn in jedem Falle austauschen und durch Trockenfrüchte, Dicksäfte oder andere Süßmittel (siehe Seite 15) ersetzen.

Tiefkühl-Blätterteig Gibt es als Vollwert-Fertigprodukt im Reformhaus zu kaufen.

Inhalt

Rezepte

Vorwort

Vegetarische Vollwertküche ist ein spannendes Erlebnis! Sie ist keineswegs auf Entbehrung, religiösen Verboten, ausgekochtem Kohl oder wäßrigen Kartoffeln aufgebaut – wie leider viele glauben. Im Gegenteil: Es werden weit mehr hochwertige Produkte verwendet als in der traditionellen Küche. Man vermeidet industriell verarbeitete Produkte und raffinierte Nahrungsmittel. Auf Gemüse, das nicht ökologisch angebaut wurde, sollte grundsätzlich verzichtet werden.

In letzter Zeit sind zahlreiche Richtlinien für gesunde Ernährung entwickelt worden, die zum Teil sehr asketische Kost, aber auch durchaus realistische Vorschläge für eine gesunde Lebensführung anbieten. Trotz der immer weiter entwikkelten Ernährungsforschung hat man aber bis heute noch keinen Schlüssel für die absolut »richtige« Kost gefunden. Fest steht auf alle Fälle: Die Ernährung in den westlichen Industrieländern mit vorwiegend raffinierter und schlackenfreier Kost ist für die Entstehung mancher Krankheiten mitverantwortlich.

Die neuesten Untersuchungen zeigen, daß die Hälfte unserer Kost aus Fett und Zucker besteht. Außerdem wurde festgestellt, daß der Fleischverbrauch in den letzten 20 Jahren ständig gestiegen, während der Gemüsekonsum gesunken ist. Die fehlende Ausgewogenheit in der Ernährung hat so ernsthafte Folgeerscheinungen, daß man bei vielen Wohlstandskrankheiten von »Fehlernährung« spricht. Die Ernährungsexperten weisen sowohl auf die Bedeutung faserreicher Kost hin als auch auf die notwendige Zufuhr von Vitaminen und Mineralstoffen sowie der richtigen Fettstoffe.

Ihren Beitrag zu vernünftigeren Eßgewohnheiten will die vegetarische Vollwertkost leisten. Mit ein bißchen Fantasie und wenigen preiswerten Zutaten lassen sich leckere und gesunde Gerichte zubereiten. Da die »grüne Gastronomie« innerhalb der Kochkunst noch keine allzu lange Tradition hat, empfiehlt es sich, selbst zu experimentieren.

Kreativität ist eine Lebensqualität, die leider heute vielen Menschen verloren gegangen ist. Auch beim alltäglichen Kochen kann man seine Fantasie entfalten. Obwohl dieses Buch genaue Angaben über Maße, Zutaten und Zubereitungsweisen macht, lassen sich die Rezepte natürlich in verschiedener Art und Weise variieren. In den meisten Rezepten lassen sich eine oder mehrere Zutaten auswechseln. Damit ist es möglich, den Gerichten nach Geschmack und Belieben eine persönliche Note zu geben.

Ich möchte mit diesem Buch gerne zeigen, daß die vegetarische Vollwertküche eine bunte Palette abwechslungsreicher Gerichte zu bieten hat. Ich hoffe gleichzeitig, daß mein Buch möglichst viele dazu anregt, sich gesünder und natürlicher zu ernähren. Eine Kost, die sich in ihrer Zusammensetzung an den körperlichen Bedürfnissen ausrichtet, wird unweigerlich Vitalität und Leistung steigern und damit zu größerer Lebensfreude beitragen. Man darf aber nicht vergessen, daß natürliche Ernährung nur ein Teil eines insgesamt gesunden Lebensstils sein kann. Der Körper braucht zur Erhaltung der Gesundheit zum Beispiel auch Bewegung, außerdem spielt psychische Ausgeglichenheit eine bedeutende Rolle.

Einige der ausgeführten Rezepte sind sicher bekannt. Manche Gerichte sind zusammengestellt unter Berücksichtigung des jeweiligen Angebots an Saisongemüsen, kombiniert mit dem, was in Naturkostläden oder Reformhäusern erhältlich ist, oder mit dem, was Sie gerade zu Hause haben.

Die Zutaten sind so vielfältig, daß sich ohne Mühe jeden Tag ein neues Gericht komponieren läßt – zur Freude für Leib und Seele und hoffentlich auch für die ganze Familie.

Kirsten Skaarup

Einführung

Der Mensch ist, was er ißt

Kraft und Stärke entwickelt unser Körper durch die Nahrung, die er erhält. So muß es besonders paradox erscheinen, daß sich so viele Menschen krank essen.

Die vielen Milliarden unserer Körperzellen erneuern sich in einem überaus sensiblen Zusammenspiel zwischen Proteinen, Vitaminen, Mineralstoffen und Spurenelementen. Daher kann es uns nicht gleichgültig sein, welche Nahrungsmittel wir zu uns nehmen. Die Natur hat in genialer Art und Weise für uns gesorgt. Essen ist ein angeborener Trieb des Menschen, der nicht erlernt werden muß. Aber wir haben es verlernt, ganz bewußt das Richtige zu essen. Wir vernachlässigen es leider immer mehr, den Körper nach seinen Bedürfnissen und Funktionen abzuhorchen.

Die industriell hergestellten Lebensmittel machen einen großen Teil unserer Kost aus; das bedeutet, daß wir eine beträchtliche Menge raffinierter, gefärbter und insgesamt minderwertiger Produkte zu uns nehmen. Viele Menschen zeigen allergische Reaktionen auf die den Nahrungsmitteln zugesetzten Zusatzstoffe. Um den Verlust an Vitaminen, Mineralstoffen und Ballaststoffen, die unserer Nahrung heute häufig entzogen sind, auszugleichen, werden große Mengen an synthetischen Vitaminen und Mineralstoffen verkauft – eine paradoxe und zudem kostspielige Situation.

Zurück zur Natur

Ein totales »Zurück zur Natur« ist weder praktikabel noch erstrebenswert. Unsere Lebens- und Arbeitsgewohnheiten haben sich so tiefgreifend verändert, daß ein solcher Rückschritt nicht möglich ist. Es muß sich vielmehr ein Verständnis dafür herausbilden, daß die Natur ihre eigenen Gesetze hat, nach denen wir uns zu richten haben, denn die Eingriffe des Menschen in die Natur haben deutliche Nachteile. In der Landwirtschaft und den Gärtnereien werden zum Teil große Mengen Stickstoff und Düngemittel eingesetzt, die zwar die Erträge erhöhen und das Aussehen der Produkte verschönern, die aber gleichzeitig den Gehalt an Nitraten im Gemüse, vor allem in grünen Blättern, stark ansteigen lassen. Die Aufnahme von Nitraten ist zwar ein natürlicher Vorgang beim Pflanzenwachstum (auch ökologisch angebautes Gemüse enthält Nitrate), aber die Menge an enthaltenen Nitraten ist heute einfach zu hoch.

Nitrat gilt als verhältnismäßig unschädlich. Wenn aber Reste von nitrathaltigem Gemüse aufgehoben und aufgewärmt werden, kann sich Nitrat in das giftige Nitrit umwandeln. Nitrit kann im Organismus gespeichert werden und so Vergiftungen verursachen, die Kohlenmonoxid-Vergiftungen gleichen. Die starke Nitrateinlagerung in chemisch gedüngten Produkten kann auch eine Einbuße im Gehalt an Proteinen, Vitaminen und Mineralstoffen bewirken. Verschiedene Versuche in der landwirtschaftlichen Forschung haben gezeigt, daß der Natriumgehalt in Pflanzen sinkt und der Kaliumgehalt steigt, wenn übermäßig künstlich gedüngt wird. Diese Veränderungen in der chemischen Struktur der Pflanzen werden natürlich an Menschen und Tiere, die sich von solchen Pflanzen ernähren, weitergegeben.

Eine weitere, auf längere Sicht vielleicht noch verhängnisvollere Folge des intensiven Einsatzes von Kunstdüngern ist der Qualitätsverlust des Bodens. Die natürlichen Mikroorganismen können in stark gedüngter Erde nicht mehr leben, der Boden wirft weniger Erträge ab, und der Landwirt setzt deshalb noch mehr Dünger ein. Das Wachstum der Pflanzen wird zwar forciert, aber nun kommen die Schädlinge. Zur Bekämpfung der Schädlinge werden aufs neue Gifte (Pestizide) eingesetzt – ein verhängnisvoller Kreislauf ist damit geschlossen.

Selbstverständlich erzeugt kein Bauer oder Gärtner aus Bosheit ungesundes oder giftiges Gemüse. Aber große landwirtschaftliche Betriebe werden oft wie eine Fabrik betrieben, wobei Ökonomie der bestimmende Faktor ist. Grundsätzliche Änderungen in der Struktur dieser »industriellen« Landwirtschaft wären nötig, um die Qualität der Produkte zu verbessern.

Man kann bei der Ernährung seinen eigenen kleinen Kampf dagegen führen, indem man Produkte verwendet, die so unverfälscht und giftfrei wie möglich sind. Sie können beim Einkauf darauf achten, daß Sie kein Gemüse, Obst oder Getreide erhalten, das mit übermäßigem Einsatz an Kunstdüngern angebaut oder gar mit Gift gespritzt worden ist.

Kleine Ernährungslehre

Es ist kein intensives Studium der Ernährungslehre notwendig, um sich gesund zu ernähren. Aber es ist wichtig zu wissen, welche Faktoren die Funktionen des Körpers steuern und beeinflussen.

Energie

Wie jedem Motor muß auch dem menschlichen Körper Brennstoff, d. h. Energie, zugeführt werden. Diese Energie wird frei, wenn Proteine, Fette und Kohlenhydrate im Körper verbrannt werden. Energie wird in *Kilokalorien* bzw. *Kilojoule* gemessen.

1 Kilokalorie (kcal) = 4,19 Kilojoule (kJ).

Der Energiebedarf hängt von der Aktivität, vom Alter, Geschlecht usw. ab. Wird dem Körper mehr Energie zugeführt als er verbrennen kann, wird der Überschuß als Fett gelagert.

Proteine

Reformkost, abwechslungsreich in ihrer Zusammensetzung und Zubereitung, deckt den Bedarf an Vitaminen und Mineralstoffen fast automatisch ausreichend ab. Bezieht man noch Milchprodukte und Eier in seinen Speiseplan ein, ist auch der Proteinbedarf gesichert.
Die Befürchtung, daß fleischlose Ernährung Proteinmangel zur Folge habe, ist grundlos. Ohne Zweifel erkranken die Menschen in den Industrieländern häufiger an der Aufnahme von zuviel als zuwenig Protein. Man geht davon aus, daß der Tagesbedarf an Protein etwa 0,9 Gramm pro kg Körpergewicht beträgt, aber es wird noch die Frage diskutiert, ob diese Richtzahl nicht niedriger sein sollte.
Wer nur pflanzliche Nahrungsmittel zu sich nimmt oder nur wenig Milchprodukte und Eier, wird sich für eine nähere Betrachtung der Proteine vielleicht besonders interessieren:
Proteine sind aus ca. zwanzig verschiedenen *Aminosäuren* aufgebaut. Einige davon kann der Körper selbst bilden, aber acht sog. »essentielle« (= lebensnotwendige) Aminosäuren kann der Körper nicht selbst aufbauen, so daß sie mit dem täglichen Essen zugeführt werden müssen. Diese essentiellen Aminosäuren heißen Phenylalanin, Isoleucin, Leucin, Lysin, Methionin, Threonin, Tryptophan und Valin.
Die biologische Wertigkeit der Proteine wird daran gemessen, wie gut der Organismus sie verwerten kann. Biologisch am wertvollsten sind die Proteine, die in ihrer Zusammensetzung an Aminosäuren den Proteinen des Körpers am ähnlichsten sind. Nicht alle Proteine haben also die gleiche biologische Wertigkeit. Fehlt nur eine der essentiellen Aminosäuren, hat dies Auswirkungen auf die gesamte Proteinversorgung. In einem solchen Fall nützt es auch nichts, daß alle anderen Aminosäuren in genügender Menge vorhanden sind.
Die Proteine in pflanzlichen Produkten haben allgemein eine niedrigere biologische Wertigkeit als die Proteine in tierischen Produkten. Daher muß die Reformkost so zusammengestellt werden, daß die Aminosäuren sich in ihrer biologischen Wertigkeit ergänzen. Getreide z. B. weist einen niedrigen Gehalt an Lysin auf, Hülsenfrüchte dagegen einen hohen. Hülsenfrüchte und Gemüse enthalten wenig Methionin, was aber in Nüssen und Samen zu finden ist. Durch Kombination können so Produkte mit niedriger biologischer Wertigkeit zu hoher biologischer Wertigkeit ergänzt werden. Hier einige Beispiele, welche Produktkombinationen eine gute gegenseitige Ergänzung der Aminosäuren bieten:

Kartoffel + Ei
Kartoffel + Milch
Getreide + Ei
Getreide + Milch
Reis + Ei
Haferflocken + Milch
Brot + Ei
Brot + Käse
Brot + Quark
Grießbrei + Milch + Ei
Teigwaren + Ei
Teigwaren + Käse
Hülsenfrüchte + Ei
Hülsenfrüchte + Milch
Hülsenfrüchte + Getreide
Mais + Hirse + Reis + Baumwollsamen + Sesam + Hefe
Erdnuß + Sesam + Soja
Kichererbsen + Sesam + Soja

Die Ergänzung muß innerhalb der einzelnen Mahlzeiten stattfinden. Der Wert liegt dabei in der Qualität, nicht in der Quantität.

Fette

Fette bestehen hauptsächlich aus gesättigten und einfach oder mehrfach ungesättigten *Fettsäuren*. Die meisten Fette enthalten alle drei Arten in unterschiedlicher Menge. Man nimmt heute an, daß ungesättigte Fettsäuren den Cholesteringehalt im Blut senken, wogegen die gesättigten Fettsäuren angeblich den Cholesterinspiegel erhöhen.
Vor allem pflanzliche Öle weisen einen hohen Anteil an einfach und mehrfach ungesättigten Fettsäuren auf. Dazu gehören Sonnenblumenöl, Mais-, Soja-, Raps- und Distelöl.
Die meisten tierischen Fette bestehen überwiegend aus gesättigten Fettsäuren. Deshalb werden in der Reformkost hauptsächlich Pflanzenöle zum Kochen verwendet.

Kohlenhydrate

Die Kohlenhydrate, die wir mit dem Essen zu uns nehmen, sind verschiedene Zucker, Stärke und Cellulose.
Die wertvollsten Kohlenhydrate sind die, die der Körper langsam verbrennt. Sie stammen aus Getreide, Kartoffeln und Gemüse. Die Kohlenhydrate im Obst zählen auch zu den wertvollen, sie werden aber im Organismus schneller umgesetzt. Die weniger wertvollen Kohlenhydrate sind in Haushaltszucker und Zuckerprodukten, wie Farin, Sirup usw., enthalten und in Weißmehl.
Wird dem Körper reiner *Zucker* zugeführt, steigt der Blutzuckerspiegel sehr schnell an, und der Körper muß verstärkt arbeiten, um über eine erhöhte Insulinausschüttung den Blutzuckerspiegel zu regulieren. Die Sättigung hält jedoch nicht lange vor, so daß Zucker schnell fettbildend wirkt, insbesondere, da ihm die wertvollen Begleitstoffe, Vitamine und Mineralstoffe, fehlen.
Stärke wird im Körper zu Glukose (Blutzucker) umgewandelt, die verbrannt oder in geringen Mengen in der Leber und in den Muskeln gelagert wird.
Cellulose kann im Körper nicht verwertet werden. Es sind dies die härteren, zähen Teile in Obst, Gemüse oder Getreide, also die Schalen und Fasern (Ballaststoffe). Ballaststoffreiche Kost bietet mehrere Vorzüge: Ballaststoffe sorgen für eine gute Verdauung und beugen verschiedenen Zivilisationskrankheiten vor. Neueste Forschungsergebnisse zeigen außerdem, daß ballaststoffreiche Kost zum Abbau von Körpergewicht geeignet ist. Denn Ballaststoffe füllen und wirken sättigend, man denke dabei z. B. an Produkte wie Kartoffeln, Bohnen oder Körner.

Vitamine

Vitamine sind organische Stoffe, die auf verschiedene Weise für die Umsetzung der Nährstoffe im Körper sorgen und an zahlreichen Abläufen im Körper beteiligt sind. Das Fehlen eines einzigen Vitamins kann dazu führen, daß der Körper nicht in der Lage ist, bestimmte Stoffwechselvorgänge ablaufen zu lassen, was zu größeren organischen Funktionsstörungen führt.
Man unterscheidet die fettlöslichen und die wasserlöslichen Vitamine. Die *fettlöslichen* sind die A-, D-, E- und K-Vitamine, die im Körper gespeichert werden können. Die *wasserlöslichen* sind die Gruppe der B-Vitamine und Vitamin C. Ein Überschuß der wasserlöslichen Vitamine wird unter anderem mit dem Urin ausgeschieden. Sie müssen deshalb täglich im Essen enthalten sein.
In einer abwechslungsreichen Kost, wo viel Rohkost gegessen und auch das Gemüse-Kochwasser verwendet wird, besteht kaum Gefahr, daß Vitaminmangel auftritt. Wer keine tierischen Produkte ißt, kann zu einem Mangel an Vitamin B_{12} neigen, dieser ist aber leicht durch ½ Liter Milch täglich zu beheben.

Mineralstoffe und Spurenelemente

Mineralstoffe und Spurenelemente sind anorganische Stoffe, notwendig für den Aufbau und die Erhaltung des Körpers. Der Körper kann keine Mineralstoffe selber bilden. Aus diesem Grund müssen sie ihm regelmäßig zugeführt werden. Erst bei ausreichender Zufuhr von Mineralstoffen und Spurenelementen können Stoffwechsel und Zellen richtig funktionieren.
Mineralstoffe werden in verschiedenen Mengen benötigt. In erster Linie braucht der Körper Calcium, Phosphor, Natrium, Chlorid, Magnesium, Kalium und Eisen. Von den *Spurenelementen* Mangan, Jod, Zink, Kupfer, Fluor, Selen, Kobalt, Chrom, Silber, Gold, Kieselsäure, Molyb-

dän u. a., benötigt der Körper nur sehr geringe Mengen. Besteht Ihre Kost größtenteils aus veredelten Produkten oder aus Gemüse, das auf ausgedörrten Böden angebaut wurde, ist es unter Umständen erforderlich, zusätzlich Mineralstoffpräparate einzunehmen.

Das Gleichgewicht zwischen Säuren und Basen

Die Aufrechterhaltung des Säure-Basen-Gleichgewichts in den Körperflüssigkeiten ist von großer Bedeutung, da hiervon der ungestörte Ablauf der Zellfunktionen abhängt. Das Säure-Basen-Gleichgewicht wird durch die Puffersysteme des Blutes und anderer Körperflüssigkeiten, durch die Lunge und die Niere aufrechterhalten. Dabei kommt der Niere eine große Bedeutung zu.

Die meisten Lebensmittel haben entweder einen Überschuß an Säuren (Fleisch, Fisch, Eier, Getreideerzeugnisse) oder an Basen (Gemüse, Milch, Kartoffeln, Obst). Eine gemischte Kost hat normalerweise einen leichten Säureüberschuß. Bei einseitiger Nahrung kann es zu einem Säuren- oder Basenüberschuß kommen, der jedoch bei einem gesunden Menschen durch die Niere vollständig ausgeglichen wird.

Mineralstoffbedarf des Menschen

	Tagesbedarf Erwachsene*)	Vorkommen in Lebensmitteln
Mengenelemente		
Natrium	2–3 g	Kochsalz, in fast allen Lebensmitteln
Chlorid	3–5 g	
Kalium	2–3 g	Kartoffeln, Obst, Gemüse, Milch, Vollkornerzeugnisse
Calcium	750 mg (0,7–0,8 g)	Milch, Milcherzeugnisse, Hülsenfrüchte
Magnesium	240 mg (0,22–0,26 g)	Milch, Milchprodukte, Hülsenfrüchte, Getreideerzeugnisse
Phosphat	750 mg (0,7–0,8 mg)	Fleisch, Fisch, Vollkornerzeugnisse, Schalenobst
Spurenelemente		
Eisen	12–18 mg	Leber, Vollkornerzeugnisse, grüne Gemüse
Kupfer	2—5 mg	Leber, Fisch, Milch, Getreide
Zink	10–20 mg	Rindfleisch, Leber, Erbsen, Hafer, Weizen
Mangan	3–4 mg	Hafer, Weizen, Spinat, Leber
Molybdän	0,1–0,4 mg	Hafer, Weizen, Nüsse, Hülsenfrüchte
Selen	•	
Chrom	0,03–0,14 mg	
Fluor	1 mg	Seefisch, schwarzer Tee
Jod	150 µg (0,15 mg)	Seefisch, jodhaltiges Speisesalz
Kobalt	5–10 µg	Leber, Getreide, Hülsenfrüchte
Vanadium	•	

*) Empfehlungen für die Nährstoffzufuhr (DGE, 1975)
• keine Angaben möglich

Die wichtigsten Reformkost-Produkte von A-Z

In der Reformkost tauchen gelegentlich Produkte auf, die für Neulinge auf diesem Gebiet ein »unbeschriebenes Blatt« sein werden. Als kleine Hilfe für die optimale Verwertung dieser Produkte ist folgende Übersicht gedacht, in der Sie Nährwertangaben und Anwendungsmöglichkeiten finden.

Der jeweils genannte Gehalt an Vitaminen und Mineralstoffen ist nur als Richtwert zu verstehen. Wünschen Sie ganz exakte, umfassende Nährwertangaben, schlagen Sie bitte in einer kompetenten Nährwerttabelle nach.

Gemüse werden in dieser Auflistung nicht besprochen, da überwiegend allgemein bekannte Sorten in den Rezepten Anwendung finden. In den wenigen Fällen, wo relativ seltenes Gemüse gebraucht wird, wird es in Verbindung mit dem jeweiligen Rezept vorgestellt.

Beim Einkauf kann man oft nur schwer feststellen, ob die Produkte auch wirklich ökologisch angebaut wurden. Kaufen Sie deshalb – wenn möglich – im Reformhaus, im Bioladen oder beim Bauern selbst.

Agar-Agar
Siehe unter Tang und Algen.

Apfelessig mit Honig
Es gibt ihn fertig im Reformhaus zu kaufen, man kann ihn aber auch selbst herstellen. Dazu vermischt man Apfelessig mit reinem Bienenhonig und schüttelt ihn gut durch. Für Salatsaucen.

Arrowroot (Pfeilwurzmehl)
Siehe unter Kuzu.

Bohnen (getrocknet)
Siehe unter Hülsenfrüchte.

Buchweizen
Buchweizen (ganz) ist eigentlich kein Getreide, sondern ein Knöterichgewächs. Buchweizen enthält Proteine, B-Vitamine, Magnesium, Eisen, Phosphor und Kalium. Für Brei, Eintöpfe oder als Beilage verwendbar.

- ▷ *Buchweizenflocken* enthalten alle Nährstoffe des Buchweizens. Sie werden für Brei, Müsli und zum Backen gebraucht.
- ▷ *Buchweizenschrot* ist grob und fein erhältlich. Er enthält alle Nährstoffe und wird für Brei und Frikadellen verwendet.
- ▷ *Buchweizenmehl* ist für Pfannkuchen und zum Backen geeignet. 1–2 Eßlöffel, mit Wasser verrührt, können ein Ei als Bindemittel ersetzen.

Bulgur
Sind grob zerdrückte, gekochte oder getrocknete Weizenkörner, die hauptsächlich als Beilage verwendet werden. Die Körner werden in Öl oder Butter angebraten und kochen dann in doppelter Menge Wasser ca. 10 Minuten. Eventuell läßt man sie, warm gestellt, weitere 15 Minuten weichen.

Couscous
Sind kleine Körner aus Mais oder Weizen. Couscous serviert man gekocht als Beilage. Der Grieß wird im Sieb mit Wasser übergossen und im Topf gar gedämpft, solange das Hauptgericht noch schmort (Seite 60).

Eier
Sie werden in der Reformkost nur in geringer Menge verwendet. Sie sind allerdings sehr nahrhaft, enthalten Calcium, Eisen, Vitamin A und B-Vitamine sowie Proteine mit einer idealen Aminosäuren-Zusammensetzung.

Leider ist die Hühnerhaltung heutzutage in einigen Fällen so zur Tierquälerei geraten, daß sich jeder selbst die Frage beantworten muß, ob er überhaupt Eier verwenden möchte, es sei denn, man erhält Eier von freilaufenden Hühnern. Eier können in vielen Gerichten (z. B. in Pasteten) ersetzt werden durch Sojamehl oder Buchweizenmehl (in Wasser aufgelöst).

Erbsen (getrocknet)
Siehe unter Hülsenfrüchte.

Fette
Die gebräuchlichsten Fette sind Butter, Margarine und Öl. *Margarine* ist leider heutzutage ein so künstliches und stark raffiniertes Produkt, daß man in einem

gesunden Haushalt darauf verzichten sollte. *Butter* dagegen ist zwar ein rein natürliches Produkt, aber sie enthält hauptsächlich gesättigte Fettsäuren. Deshalb sollte man zum Kochen pflanzliche Öle vorziehen. Die meisten *Pflanzenöle* sind reich an mehrfach ungesättigten Fettsäuren (Oliven- und Erdnußöl ausgenommen). Wenn möglich, sollte man kaltgepreßtes (Virgin-)Öl verwenden. Die Kaltpressung ist die schonendste Methode der Ölgewinnung, Nähr- und Geschmacksstoffe werden dabei optimal erhalten. Man erhält heute neben Olivenöl auch kaltgepreßtes Mais-, Sonnenblumen- und Sesamöl. Gleich, welche Art von Fett in Ihrer Küche Verwendung findet, die verwendete Menge sollte begrenzt sein. Steht in den Rezepten keine bestimmte Fettmengenangabe (z. B. zum Anbraten), so nehmen Sie nur so viel, wie unbedingt nötig.

▷ *Für Salat-Dressings* nimmt man vorwiegend Walnußöl, Weintraubenkernöl, Mais-, Sonnenblumen-, Sojabohnen- und Distelöl. Diese Öle haben einen hohen Gehalt an lebensnotwendiger Linolsäure.

▷ *Zum Anschwitzen und Aufwärmen* sind Butter und Olivenöl geeignet.

▷ *Als Streichfett* sind neben Butter (tierisches Fett) vor allem Nuß-, Mandel-, Erdnuß-, Cashew-, Sesam- und Sonnenblumenbutter zu empfehlen. Diese Produkte sind in Reformhäusern erhältlich, man kann sie aber auch selbst herstellen.

Garbanzos
Siehe unter Kichererbsen.

Gemüsebouillon
In Pulver- und Pastenform oder in Würfeln mit und ohne Salz im Reformhaus erhältlich.

Gerste
Ganze Gerstenkörner enthalten Proteine, B- und E-Vitamine sowie Calcium, Kalium, Natrium, Eisen, Magnesium, Phosphor und Kieselsäure. Gleiche Verwendungsmöglichkeiten wie die anderen ganzen Getreidekörner.

▷ *Gerstenschrot* hat alle Nährstoffe des ganzen Korns, denn das ganze Korn wird grob zerkleinert. Für Brei und zum Backen gut.

▷ *Gerstenflocken* sind für Müsli und zum Backen geeignet. Sie enthalten die Nährstoffe des ganzen Korns.

▷ *Gerstenmehl* wird für Brei und zum Backen verwendet.

Gomasio (Sesamsalz)
Ein natürliches Gewürz, das aus gerösteten Sesamsamen und unraffiniertem Meersalz besteht. Kann als Tafelsalz verwendet werden.

Granola
Eine Mischung aus Weizenmehl, Haferflocken, gewalzter Gerste, Malzsirup, Nüssen und Salz. Granola ist grob oder gemahlen erhältlich. Zerdrücktes Granola ist anstelle von Semmelbröseln zum Panieren verwendbar.

Grünkern
Ist das unreif geerntete Korn des Dinkels, einem »Urahnen« des Weizens. Die Körner sind über Feuer geröstet. Sie werden wie ganze Weizenkörner verwendet und zubereitet, kochen aber nur 10 Minuten. Sie enthalten Proteine, Calcium, Phosphor und Eisen.

Hafer
Ganze Haferkörner enthalten Proteine, B- und E-Vitamine sowie Calcium, Kalium, Natrium, Eisen, Phosphor, Magnesium, Fluor und Kieselsäure. Hafer wird wie ganzer Weizen oder Roggen verwendet.

▷ *Haferflocken* können roh mit Milch, in eingeweichtem oder trockenem Müsli gegessen, zu Brei gekocht oder zum Backen verwendet werden.

Halva
Ein süßes Produkt aus gerösteten Sesamsamen und Honig. Dient auch als Brotaufstrich.

Hefeextrakt
Ein protein-, vitamin- und mineralstoffreiches Würzmittel.

Hirse
Hirsekörner enthalten reichlich Kieselsäure, die sehr wichtig für Haut, Haare, Nägel und Zähne ist. Mit Hirse läßt sich sehr schnell der Tagesbedarf an Eisen decken. Auch Fluor, Phosphor und Magnesium sind enthalten. Ganze Hirse serviert man gekocht als Beilage oder verwendet sie zu Brei, in Gratins oder als Frikadellen. Sie kann süß oder salzig zubereitet werden.

▷ *Hirseflocken* werden für Brei, Müsli, Suppen, Hauptgerichte und Nachspeisen verwendet.

Hoummous
Eine aus Kichererbsen hergestellte Paste. Als Brotbelag oder als Füllung.

Hülsenfrüchte (Bohnen, Linsen und Erbsen, getrocknet)
Diese Hülsenfrüchte sind reich an Proteinen, Kohlenhydraten, Vitaminen (besonders B) und Mineralstoffen wie Eisen, Calcium und Phosphor. Wenn die Früchte keimen, enthalten sie auch Vitamin C. Bohnen, Erbsen und Linsen versorgen den Körper nicht mit allen essentiellen Aminosäuren (die gelbe Sojabohne ausgenommen), sie lassen sich aber gut mit Reis, Getreide und Gemüse ergänzen. Es empfiehlt sich, Reis und Getreide einzuweichen und dann zusammen mit den Hülsenfrüchten zu kochen.
Bohnen und Erbsen werden mindestens 8 Stunden eingeweicht (bedenken Sie, daß sie dabei aufquellen). Im Einweichwasser werden sie ca. 30–90 Minuten gar gekocht. Halten Sie die Kochzeit genau ein, da Hülsenfrüchte leicht mehlig und fade werden, wenn sie zu lange kochen. Salz sollte erst in den letzten 10 Minuten des Abkochens beigegeben werden. Ein bißchen Zitronensaft oder Apfelessig verkürzt die Kochzeit.
Hülsenfrüchte sind zwar nahrhafte Produkte, aber schwer verdaulich, daher sollten sie nur in begrenzter Menge in einem Gericht vorkommen. Sie lassen sich zu Suppen, Salaten und Hauptgerichten, zu Pasteten und Frikadellen verarbeiten, oder man verwendet sie als Beilage. Zu Bohnengerichten passen Knoblauch und die meisten üblichen Gewürze.

▷ *Sojabohnen* haben einen hohen Ölgehalt und einen besonders hohen Gehalt an Protein, sind aber die am schwersten verdaulichen unter den Bohnen.
▷ *Grüne Mungobohnen* sind leicht verdaulich. Sie brauchen nur ein paar Stunden einzuweichen. Die Kochzeit beträgt 30–40 Minuten.
▷ *Adzukibohnen* werden 50–60 Minuten gekocht.
▷ *Kichererbsen* (Garbanzos) benötigen 1 Stunde Kochzeit.
▷ *Rote Kidneybohnen* kocht man ca. 45 Minuten lang.
▷ *Braune und weiße Bohnen* werden in ca. 1 Stunde gegart.
▷ *Schwarzäugige Bohnen* werden in ca. 45 Minuten gekocht.
▷ *Dicke Bohnen,* Puffbohnen oder Saubohnen sind große, flache Bohnen. Sie werden ca. 30 Minuten gekocht.
▷ *Gelbe und grüne Erbsen* kochen gut 1 Stunde.
▷ *Linsen* sind grün, gelb, rot und dunkel (französische Linsen) erhältlich. Sie brauchen nicht – wie etwa Bohnen und Erbsen – eingeweicht zu werden. Man kocht sie in ca. 30 Minuten.

Käse
Käse ist proteinreich und enthält Vitamin A und B-Vitamine. In den Rezepten dieses Buches wird häufig Käse verwendet. Alle Käsesorten enthalten Nitrat. Bedenken Sie aber, daß den festen Schnittkäsesorten häufig zusätzlich Nitrat als Konservierungsstoff zugesetzt wird. Der Emmentaler scheint dabei einzige Ausnahme zu sein. Ebenso wird Weichkäsen, wie Danablu, Camembert, Rahmkäse und körnigem Frischkäse, kein Nitrat zugesetzt. Man unterscheidet die Herstellung mit Käselab (Labkäse), bei der heute meist kristallisiertes Lab aus dem Kälbermagen zugesetzt wird, und die Herstellung mit Milchsäurebakterien (Sauermilchkäse). Im Reformhaus gibt es auch Käsesorten, die unter Zusatz von pflanzlichem Lab hergestellt werden.

Kerne
▷ *Sonnenblumenkerne* beinhalten eine gute Kombination von Nährstoffen. Neben Proteinen enthalten sie Vitamine und Mineralstoffe, wie Kieselsäure, Eisen und Kupfer, sowie verschiedene Spurenelemente. Sie zeichnen sich durch einen hohen Gehalt an ungesättigten Fettsäuren aus.
▷ *Kürbiskerne* sind reich an Linolsäure. Sie enthalten B- und E-Vitamine sowie Kupfer und einige Spurenelemente. Hoher Gehalt an ungesättigten Fettsäuren.

Kichererbsen
Sie sind auch unter dem Namen Garbanzos bekannt und stammen aus Westasien. Sie schmecken nach Nuß, sind knackig, in der Form wie Haselnüsse, in der Farbe beige oder goldgelb. Sie werden zu Mehl gemahlen oder in Eintopfgerichten, Pasten bzw. Pasteten verwendet.

Kichererbsenmehl
Dieses Mehl aus gemahlenen Kichererbsen (Garbanzos) wird hauptsächlich für indische Gerichte gebraucht.

Kruska
Ist eine Mischung aus geschrotetem Hafer, Roggen, Weizen und Gerste. Man verwendet es für Brei. Es wird mit der vierfachen Wassermenge ca. 40 Minuten gekocht, man kann es aber auch nur 5 Minuten kochen und, warm gestellt, ziehen lassen.

Kuzu
Es wird aus der zerstoßenen Wurzel der Pfeilwurzel (Arrowroot) gewonnen und stammt aus Mittelamerika. Ursprünglich wurde Kuzu für medizinische Zwecke eingesetzt, es sollte bei Verstopfung, Magen- und Darmleiden wirken. Der Wurzel wird aus frühen Zeiten auch heilende Wirkung gegen Infektionskrankheiten nachgesagt.
Die sehr feine und leicht verdauliche Stärke wird vorzugsweise für Kindernährmittel und diätetische Lebensmittel verwendet. Kuzu läßt sich als Bindemittel für Saucen und Suppen verwenden. Man löst das Mehl oder Granulat in Wasser auf, dabei nimmt man 1–2 Teelöffel für 1/10 Liter Flüssigkeit, Kochzeit 4 Minuten. Mit Kuzu angedickte Speisen sind leicht verdaulich.

Linsen
Siehe unter Hülsenfrüchte.

Mais
Maiskörner enthalten Proteine, B-Vitamine, Calcium, Eisen und reichlich Phosphor. Maisprodukte sind besonders Menschen zu empfehlen, die unter allergischen Reaktionen leiden und die andere Kornprodukte nicht vertragen.

▷ *Maismehl* besteht aus gemahlenen Körnern. Das Mehl ist für Brei, Pfannkuchen und zum Backen verwendbar. Es ist grob oder fein gemahlen erhältlich.
▷ *Maisgrieß* nimmt man für Brei, vor allem für Polenta.
▷ *Maisstärke* ist ein leicht verdauliches Bindemittel und für Brei, Milchsuppe und zum Backen verwendbar.

Mandeln
Sie enthalten eine Reihe essentieller Aminosäuren und Mineralstoffe, wie Calcium, Kalium, Phosphor und Eisen.

Mandeln, Nüsse, Kerne und Samen
Sie spielen eine große Rolle in der Reformkost. Sie enthalten reichlich Proteine (jedoch nicht alle essentiellen), Vitamine und Mineralstoffe sowie ungesättigte Fettsäuren. Mandeln, Nüsse, Kerne und Samen können in jedem Gericht, vom Frühstück bis zur abendlichen Nachspeise, Verwendung finden, ganz, gehackt oder gemahlen. In der Regel werden sie den Speisen erst kurz vor dem Servieren beigefügt. Siehe auch unter dem jeweiligen Stichwort.

Milchprodukte
Sie zeichnen sich aus durch einen hohen Gehalt an Proteinen und durch eine gute Zusammensetzung an Aminosäuren. Sie enthalten Calcium, Phosphor, A- und B-Vitamine. Milchprodukte können vielen Speisen zugesetzt werden, z. B. ergänzen sie sich ausgezeichnet mit den Proteinen der Kartoffel.
Siehe auch unter Käse.

Mischmehl
Ist aus Weizen- und Roggenmehl zusammengesetzt und wird zum Backen von Mischbrot verwendet.

Miso
Ist eine Paste, die aus Hefe, lange Zeit gegorenen Sojabohnen (12–24 Monate Gärungsdauer), Salz und gelegentlich auch aus Reis oder Buchweizen besteht. Es gleicht in seiner Konsistenz der Erdnußbutter. Miso kommt aus dem fernen Osten, wo es zu den bedeutendsten Sojaprodukten gehört. Es ist reich an Proteinen, Mineralstoffen und Vitaminen. Man verwendet es z. B. in Suppen, als Würzmittel in Gemüsegerichten und zum Salzen. Es muß mit Maß eingesetzt werden, da es (je nach Sorte) zwischen 5,5 und 13 Prozent Salz enthält. Miso sollte man in Reformhäusern und Bioläden kaufen, um ein natürlich gereiftes Produkt zu bekommen. *Akimiso* ist die schärfere, *Shiromiso* die süßlichere Sorte.

Reis (Naturreis)
In diesem Buch wird er Vollreis genannt und ist ungeschälter, unpolierter Reis. Vollreis enthält Proteine, B- und E-Vitamine und ca. viermal so viel Eisen und Calcium wie geschälter (polierter) Reis. Außerdem ist in Vollreis Kalium, Magnesium und reichlich Phosphor zu finden. Man unterscheidet Langkorn- und Rundkornreis. Er wird in doppelter bis vierfacher Menge Wasser bis zu 40 Minuten gekocht. Als Beilage, für Hauptgerichte, Salate und Nachspeisen verwendbar.
▷ *Reisflocken* werden für Brei verwendet. Kochzeit ca. 5 Minuten.

Roggen
Die ganzen Roggenkörner enthalten Proteine, B-Vitamine, Calcium, Kalium, Natrium, Phosphor, Magnesium, Fluor, Kieselsäure und Eisen. Roggen verwendet man wie Weizen.

▷ *Roggenschrot* enthält die Nährstoffe des ganzen Korns, denn das ganze Korn wird grob zerkleinert. Wird zum Backen und für Breie verwendet.
▷ *Roggenflocken* enthalten ebenfalls die Nährstoffe des ganzen Korns. Sie sind zum Backen und für Müsli geeignet.
▷ *Grobes Roggenmehl* hat auch alle Nährstoffe des ganzen Korns. Für Brei und zum Backen gut.
▷ *Gesiebtes Roggenmehl* ist gemahlenes Korn, dem die Kleie entzogen worden ist. Wird vielfach zum Backen gebraucht.

Nüsse
▷ *Haselnüsse* sind calciumhaltig, sie enthalten außerdem Carotin sowie B-Vitamine und Vitamin C.
▷ *Walnüsse* enthalten die Vitamine A und C und verschiedene B-Vitamine sowie Calcium, Phosphor und andere Mineralstoffe.
▷ *Paranüsse* enthalten B-Vitamine und sind reich an Kalium und Phosphor.
▷ *Erdnüsse* weisen Vitamin A und B-Vitamine sowie Kalium auf.
▷ *Cashewnüsse* enthalten B-Vitamine, Eisen und Phosphor.
▷ *Kokosnüsse* sind nicht besonders proteinreich, enthalten aber Mineralstoffe, wie Kalium, Eisen, Phosphor und Chlor, sowie vorwiegend gesättigte Fettsäuren.

Öle
Siehe unter Fette.

Samen
▷ *Sesamsamen* sind reich an Mineralstoffen, enthalten Calcium, Phosphor und Magnesium.
▷ *Leinsamen* sind die Samen der Flachspflanze und werden in erster Linie wegen ihrer verdauungsfördernden Wirkung gegessen.

Seitan
Wird aus Weizengluten (Klebereiweiß) hergestellt und hat eine fleischähnliche Konsistenz. Seitan ist eine wertvolle Proteinquelle, die seit Jahrhunderten in östlichen Ländern verwendet wird. Es ist in Gläsern erhältlich, aber auch leicht selber herzustellen (siehe Seite 21).

Senf (Natursenf)
Wird aus ganzen Senfkörnern hergestellt und mit Äpfeln, Zitrone, Gemüsen, Kräutern usw. abgeschmeckt. Verwendung nach Belieben; in den Rezepten wird deshalb immer nur Natursenf angegeben.

Soja
Eine vor allem in Ostasien, aber auch in Nordamerika angebaute Pflanze, Lieferant der Sojabohnen. Das Sojaeiweiß ist dem Fleischeiweiß fast ebenbürtig.
▷ *Sojamehl* wird aus gemahlenen Sojabohnen hergestellt. Es ist reichlich protein- und fetthaltig. Man vermischt es meistens mit anderem Mehl, es sollte aber nicht mehr als 10 Prozent des gesamten Mehlgewichts ausmachen. Sojamehl kann anstelle von Ei zum Panieren verwendet werden. 1 Eßlöffel Sojamehl, mit Wasser verrührt, ersetzt 1 Ei.
▷ *Sojaflocken* sind für Müsli und zum Backen geeignet.

Sojasauce
Siehe unter Tamari.

Süßmittel (natürliche)
Sie sollten in der Reformkost mit Maß eingesetzt werden, denn sie sind kohlenhydratreiche Produkte, die fast ausschließlich wertlose Kalorien liefern. Der raffinierte weiße Zucker z. B. besteht zu 99,8 Prozent aus Kohlenhydraten, die viel zu schnell im Körper abgebaut werden. Aber auch Rohzucker ist nicht von besonders hohem Wert, enthält aber noch gewisse Mineralstoffe, die dem weißen Zucker entzogen sind.
▷ *Honig* sollte man ebenfalls nur in begrenzten Mengen verwenden. Unverarbeiteter Honig (nicht über 37 °C erhitzt) enthält Vitamin B_2, Calcium, Eisen, Natrium, Phosphor und Kalium.
▷ *Dunkler Sirup* ist ein Zuckerrübenextrakt. Er enthält B-Vitamine, Calcium, Eisen und Natrium. Es gibt auch Gersten-, Reis-, Apfel- und Birnensirup.
▷ *Ahornsirup* stammt, wie der Name schon sagt, vom Ahornbaum, dem Zuckerahorn. Ein Produkt mit vollem Geschmack und Aroma.
▷ *Fruchtzucker* (Fructose) besteht aus leicht verbrennbaren Kohlenhydraten, er ist daher nicht unbedingt zu empfehlen. Fruchtzucker süßt nur halb so stark wie der weiße Zucker.

▷ *Malzextrakt* ist ein sirupähnliches Produkt. Wird aus gerösteten, gemahlenen und gekochten Gerstenkeimen gewonnen.

Tahin

Ist eine Paste aus gerösteten, zerdrückten Sesamsamen. Tahin läßt sich als Butterersatz auf Brot streichen, als Würzmittel verwenden oder auch Dressings beifügen. Man kann es auch selber herstellen (Seite 27).

Tamari, Shoyu (Bezeichnungen für Sojasauce)

Besteht aus milchgegorenen Sojabohnen, Salz und Weizen. Tamari ist ein reines Naturprodukt ohne Zusatzstoffe. Es wird als Würzmittel in manchen Gerichten und Dressings verwendet. Tamari ist reich an Proteinen und Vitaminen.

Tang und Algen

Sie werden aus Asien importiert. Da das »Meeresgemüse« sehr nahrhaft ist, sollte man es viel häufiger verwenden. Seealgen sind reich an Proteinen, Vitaminen und Mineralien, vor allem an Calcium, Eisen und Spurenelementen.

Algen werden vor Gebrauch gut gereinigt und in reichlich Wasser ½ Stunde (gerne länger) eingeweicht. Als Beilage zu Reis, Körnern, Suppen und Eintöpfen geeignet.

▷ *Wakame* hat einen milden Geschmack und ist daher als »Einstieg« in das Kochen mit Tang und Algen gut geeignet. Wakame wird ca. 30 Minuten in der Suppe oder, fein geschnitten, mit Reis oder Körnern gekocht.

▷ *Kombu* wird auf die gleiche Weise zubereitet wie Wakame, man sollte es aber sparsamer verwenden, da es recht salzig ist.

▷ *Arame* oder Iziki und Hijiki sind dünne, spaghettiähnliche, kräftig schmeckende Algen. Eine aromatische Beigabe für Suppen, Salate und Eintöpfe. Arame-Algen kochen in reichlich Wasser 30–40 Minuten.

▷ *Nori* sind gepreßte Tangscheiben. Sie werden trocken geröstet und zerdrückt über Suppen oder andere Speisen gestreut.

▷ *Agar-Agar* ist ein mineralreiches Seealgen-Produkt und wird wie Gelatine verwendet. Man rechnet ca. 2½ Teelöffel Agar-Agar auf ½ Liter Flüssigkeit. Es ist als Granulat oder in Flokkenform erhältlich. Die Flocken lassen sich am leichtesten verarbeiten.

Natürlich ist es nicht nötig, den teuren importierten *Tang* zu kaufen, wenn man in der Nähe einer Küste mit verhältnismäßig sauberem Wasser wohnt. Der selbst gesammelte Tang wird genauso wie der importierte verarbeitet und ist obendrein noch gratis. Man sammelt den Tang im Sommer nach stürmischem Wetter am Strand oder holt ihn direkt aus dem Wasser. Die Pflanzen sitzen an Steinen, Pfählen oder Molen fest. Man nimmt die ganzen Pflanzen mit nach Hause, der untere Teil wird zum Kochen verwendet.

▷ *Zuckertang* ist eine der nützlichsten Tangpflanzen. Er ist ca. 1 Meter lang. Die unteren 25 Zentimeter werden abgeschnitten, gründlich abgespült, und die Schleimschicht der Pflanze (sie besteht aus Zuckerstoff) wird entfernt.

▷ *Seesalat* ist eine andere sehr nützliche Tangpflanze. Sie hat ganz dünne Blätter und wächst nahe an der Küste.

Weitere brauchbare Sorten sind u. a. die Rotalgen und das blutrote Rippenblatt. Besteht die Möglichkeit, größere Mengen Tang zu sammeln, kann er an einem luftigen und hellen Ort getrocknet und für den späteren Verbrauch aufgehoben werden.

Teigwaren

Sie bestehen aus Mehl und Wasser, eventuell werden Ei, Spinat, rote Paprikaschoten, Sojamehl o. ä. beigefügt. Vollkorn- und Sojateigwaren sind nahrhafter und schmackhafter als die üblichen Weißmehlsorten.

▷ *Sojanudeln* und -spaghetti werden 10–15 Minuten gekocht.

▷ *Vollkornnudeln,* -spaghetti und -makkaroni kochen 12 Minuten.

▷ *Ungesalzene Buchweizen-Spaghetti, -Nudeln, -Makkaroni und -Vermicelli* kochen ca. 5 Minuten. Vermicelli und Vollkornhörnchen müssen nicht vorgekocht werden, nur die letzten 5–10 Minuten in der Suppe mitkochen.

▷ *Lasagne* (breite Bandnudeln) gibt es gelb (mit Ei) und grün (mit Spinat). Beim Kochen richten Sie sich nach den Anweisungen auf der Packung.

▷ *Cannelloni* sind Teigröllchen, die gefüllt und überbacken werden. Sie werden in der Regel nicht vorgekocht.

▷ *Fettucine* sind breite Bandnudeln, denen Ei oder Spinat zugesetzt ist. Sie kochen 12 Minuten und werden als Beilage oder mit Gemüse gratiniert serviert.

▷ *Chinesische Reisnudeln* bestehen aus Reismehl. Sie werden in der asiatischen Küche häufig gebraucht. Als Suppeneinlage oder Beilage geeignet. Reisnudeln kochen ca. 5 Minuten.

Tofu (Sojaquark)
Tofu ist ein Sojabohnenprodukt, das man getrocknet oder in Gläsern erhält. Getrocknetes Tofu wird vor dem Verbrauch eingeweicht. Tofu paßt fast zu allen Speisen, zu Salaten, Suppen und ist auch als Brotbelag verwendbar. Man kann es aus zerdrückten Sojabohnen selbst herstellen.

Trockenfrüchte/Trockengemüse
Trocken- oder Dörrobst hat einen wesentlich höheren Nährwert als frisches Obst, ist aber auch reicher an Kohlenhydraten. Kaufen Sie stets im Reformhaus ungeschwefelte Früchte. Trockenfrüchte werden vor dem Verbrauch einige Stunden eingeweicht. Verwendbar fürs Frühstück, in Salaten, als Beilage, in Hauptgerichten und Nachspeisen sowie zum Backen. Als Trockenfrüchte erhalten Sie gewöhnlich Pflaumen, Datteln, Rosinen, Aprikosen, Bananen, Äpfel und Birnen.

▷ *Getrocknete Eßkastanien* sind leicht zu verarbeiten, da sie bereits abgeschält sind. Die Kastanien werden erst 8 Stunden eingeweicht und dann im Einweichwasser ca. 15 Minuten gekocht.

▷ *Getrocknete Pilze* werden einige Stunden vor dem Verbrauch eingeweicht und müssen sorgfältig gesäubert werden, damit keine Reste von Erde in den Kochtopf gelangen.

Vegetabile (pflanzliche) Pasten bzw. Pasteten
In verschiedenen Geschmacksrichtungen in Reformhäusern und Bioläden erhältlich; als Brotaufstrich oder zum Binden und Würzen von Suppen und Saucen gut geeignet. Sind sie mit Hefeextrakt versetzt (z. B. die VITAM-Produkte), reichern sie die Speisen mit den wichtigen B-Vitaminen an.

Vollkornflocken
Sie sind eine Mischung aus Soja-, Weizen-, Hafer-, Mais- und Reisflocken. Die Mischung hat einen hohen Gehalt an essentiellen Aminosäuren und Mineralstoffen. Sie sind verwendbar in Müsli oder für Brei (5–8 Minuten Kochzeit).

Vollkornprodukte
Sie stellen die Basisnahrung für viele Menschen auf der Welt dar. Auch in der Reformkost spielen sie eine bedeutende Rolle. Korn ist proteinreich, sein Gehalt an essentiellen Aminosäuren, Vitaminen und Mineralstoffen variiert von Sorte zu Sorte. Es ist daher vernünftig, abwechselnd unterschiedliche Kornsorten oder eine Mischung (z. B. im Brot oder Brei) zu verwenden.
Im ganzen Korn ist der höchste Nährwert enthalten. Brauchen Sie zum Kochen oder Backen Mehl, so mahlen Sie die ganzen Körner erst kurz vorher. Dafür gibt es verschiedene Getreidemühlen. Die Steinmühle mahlt das Korn sehr schonend, in Mühlen mit Stahlmahlwerk können Sie auch Ölsaaten wie Mohn mahlen. Wenn Sie nicht die Möglichkeit haben, das Korn selbst zu mahlen, so erhalten Sie auch in Reformhäusern unterschiedlich grob gemahlene Mehlsorten, oder Sie können das Korn dort frisch mahlen lassen. Ganze Körner, als Beilage oder für ein Gericht verwendet, müssen ca. 12 Stunden eingeweicht und in doppelter Menge Wasser etwa 1 Stunde gekocht werden.
Die Mahlprodukte des Getreides sind – mit abnehmender Teilchengröße – Flokken, Graupen, Schrot, Grütze, Grieß, Dunst, Mehl.
Siehe auch unter Buchweizen – Gerste – Grünkern – Hafer – Hirse – Mais – Reis – Roggen – Weizen.

Weizen
Das ganze Weizenkorn enthält Proteine, B- und E-Vitamine sowie Calcium, Natrium, Kalium, Phosphor, Eisen, Zink, Magnesium und Kieselsäure. Vollweizen wird als Zutat im Eintopf und beim Backen verwendet.

▷ *Weizenschrot* hat alle Nährstoffe des ganzen Korns, denn das ganze Korn wird grob zerkleinert. Er wird zum Backen und für Breie verwendet.

▷ *Vollweizenmehl* enthält auch alle Nährstoffe des ganzen Korns. Es kann zum Backen mit Weizenmehl Type 405 oder gesiebtem Weizenmehl gemischt werden.

▷ *Grahammehl* ist feingemahlenes Vollweizenmehl. Es enthält die gleichen Bestandteile und wird zum Backen auch mit Weizenmehl oder gesiebtem Weizenmehl gemischt.

▷ *Gesiebtes Weizenmehl* ist gemahlenes Korn, dem die Kleie entzogen wird. Es ist zum Backen gut geeignet.

- *Weizenmehl* (Type 405 bis 1600) ist ein verschieden stark ausgemahlenes Mehl, d. h. mehr oder weniger Anteile von Fruchtschale, Samenschale und Keim wurden vor dem Mahlen entfernt und damit die wertgebenden Inhaltsstoffe, Vitamine und Mineralstoffe. Bei Verwendung von Vollweizenmehl zum Backen erhöht die Zugabe von Weizenmehl die Backfähigkeit des Teiges.
- *Weizenkeime* sind eine gute Vitamin E-Quelle, sie enthalten außerdem B-Vitamine, Kalium, Natrium, Eisen und Phosphor. Weizenkeime sind fetthaltig und müssen kühl gelagert werden, da sie sonst ranzig werden. Weizenkeime verwendet man in Müsli, Suppen und Brot sowie zum Überbakken von Gerichten (statt Semmelbröseln).
- *Weizenkleie* enthält Phytin, das einen Teil der Mineralstoffe (Calcium, Eisen, Zink) so bindet, daß sie vom Körper nicht aufgenommen werden können. Das ist nicht allzu bedeutend, solange man Kleie nur in kleinen Mengen zu sich nimmt. Weizenkleie dient als Ballaststoff und kann ins Müsli oder in Suppen gestreut oder zum Backen verwendet werden.

Kräuter und andere Würzmittel

Kräuter und Wildpflanzen

Frische Kräuter sind wichtige und gesunde Würzmittel in der Reformkost. Sie enthalten viele Vitamine und Mineralstoffe wie Eisen, Calcium und Spurenelemente. Die Verwendung von Kräutern geht bis in die frühen Zivilisationen zurück. Jahrtausende hindurch wurden sie sowohl kulinarisch als auch in großem Ausmaß in der Heilkunde eingesetzt. Viele Kräuter werden auch in der modernen Medizin noch angewendet. Besonders in den Mittelmeerländern findet sich eine starke Tradition der Verwendung von Kräutern in der Küche. Sie eignen sich ausgezeichnet für Gemüsegerichte und geben oft der Speise erst ihren besonderen Charakter.

Es ist einfach, Kräuter selbst zu ziehen, z. B. in Blumentöpfen am Fenster, auf dem Balkon oder im Garten. So ist es möglich, frische Kräuter das ganze Jahr über stets zur Verfügung zu haben. Im Garten wachsen Kräuter so üppig, daß die vom Sommer übrig gebliebenen eingefroren und für den späteren Verbrauch aufgehoben werden können.

Die am häufigsten verwendeten Kräuter in diesem Buch sind Basilikum, Brunnenkresse, Bohnenkraut, Zitronenmelisse, Dill, Estragon, Fenchel, Liebstöckel, Majoran, Oregano, Petersilie, Schnittlauch, Rosmarin, Salbei und Thymian. Das französische *bouquet garni* (Würzgeber in verschiedenen Rezepten) ist ein zusammengestelltes Kräuterbündel aus Thymian, Petersilie und Lorbeer. Getrocknete Kräuter würzen kräftiger als frische. 1–2 Teelöffel getrocknete Kräuter entsprechen etwa 1 Eßlöffel frischer Kräuter. Man braucht sich aber nicht auf die Kulturpflanzen zu beschränken. Im Laufe des Frühlings und Sommers wachsen viele Wildpflanzen, die für die Küche geeignet sind. Sie werden »Heilmittel der Natur« genannt, da sie seit Jahrtausenden medizinisch verwertet werden. Sie sind reich an Vitaminen, Mineralstoffen und Spurenelementen.

Die Pflanzen oder Blätter sollten so frisch wie möglich – und nicht gerade am Rand einer stark befahrenen Straße – gepflückt werden. Das kleingeschnittene Grün streut man über ein belegtes Brot, über Salate oder gibt es zu Suppen oder Pasteten. Am leichtesten werden Sie Pflanzen wie Brennessel, Geißfuß, Brunnenkresse, Huflattich, Löwenzahn, Spitzwegerich oder Sauerampfer finden.

Gewürze

Gewürze sind getrocknete Teile verschiedener tropischer und subtropischer Pflanzen. Es können die Wurzeln, Blätter, Blüten oder Samen der Pflanzen sein. Gewürze wie Curry und Kreuzkümmel werden – um ihre aromatischen Geschmacksstoffe freizusetzen – vor der Beigabe der anderen Ingredienzen in Öl angeschwitzt.

Der Magen des nordeuropäischen Menschen ist die scharfen Gewürze des Fer-

nen Ostens nicht gewöhnt. Da die Schleimhäute des Darms von solchen Gewürzen angegriffen werden können, sollte man sie vorsichtig dosieren.
Gebräuchliche Gewürze sind Anis, Cayennepfeffer, Chilipulver, Kurkuma (Gelbwurz), Ingwer, Zimt, Kardamom, Curry, Kümmel, Koriander, Muskatnuß, Nelken, Paprika und Pfeffer.
Zu empfehlen sind vor allem die Gewürze und Würzmischungen, die im Reformhaus erhältlich sind. Mit *Kräutersalz* z. B. kann man salzarm und doch sehr aromatisch würzen. *Endoferm* ist eine kräftige, curryähnliche Würzmischung für Gemüsegerichte, Suppen und Saucen. *Delifrut* ist eine Würzmischung für Süßspeisen, Obstsalate und Backwaren.

Salz und Knoblauch

Salz
Salz wird in den meisten Haushalten in zu großen Mengen verwendet. Salz bindet Körperflüssigkeiten. Bei Krankheiten, wie hoher Blutdruck oder manche Leber-, Nieren- und Herzleiden, empfiehlt es sich, auf Salz zu verzichten. Fällt es einem schwer, das Salz wegzulassen, sollte man auf alle Fälle Meersalz vorziehen. Es enthält eine Reihe von Mineralstoffen und Spurenelementen (siehe auch unter Gomasio, Seite 12). Das übliche Speisesalz dagegen ist ein raffiniertes Produkt, dem die Mineralstoffe entzogen sind. Es ist jedoch besser, dem Essen Kräuter, Zwiebel oder Knoblauch als Salzersatz beizugeben. So würzen Sie schmackhaft und dennoch gesund.

Knoblauch
In der Küche sorgt Knoblauch für das »gewisse Etwas«, gibt vielen Speisen eine markante Prägung. Knoblauch hat begeisterte Anhänger, aber auch Gegner. Viele meiden Knoblauch wegen seines starken Geruchs, der aber bei häufigem Genuß gemildert wird. Der unangenehme Geruch kann abgeschwächt werden, wenn der grüne Keimstiel der Knoblauchzehe entfernt wird. Es ist auch zu empfehlen, nach dem Genuß von Knoblauch Petersilie oder andere Kräuter zu kauen.
In diesem Buch wird Knoblauch häufig gebraucht. Man kann ihn in dem jeweiligen Rezept ganz nach Belieben weglassen, oder man reibt Schüsseln und Töpfe mit einer durchgeschnittenen Zehe nur kurz ein.

Keimlinge

Bohnen-, Körner- und Samenkeimlinge versorgen Ihre Küche reichlich mit Mineralstoffen und Vitaminen, deshalb sollten sie – besonders im Winter – täglich gegessen werden.
Es ist einfach und preiswert, Keimlinge selbst zu ziehen. Man braucht keinen Garten, auch keinen Platz am Fenster. Das Ganze spielt sich in einem Einmachglas oder einem ähnlichen Gefäß ab. Bohnen, Körner, Samen, die garantiert ökologisch angebaut und ungespritzt sind, sind zum Keimen vorzuziehen. Man kauft sie am besten in Reformhäusern oder Bioläden. Zum Keimen besonders geeignet sind:
- Luzernesamen
- Mungobohnen
- Getreidekörner (Weizen, Roggen, Gerste, Hafer, Hirse, Mais usw.)
- Linsen
- Sonnenblumenkerne
- Sojabohnen
- Adzukibohnen
- Bockshornkleesamen.

Von den verschiedenen Methoden, Keimlinge zu ziehen, ist die oben erwähnte Methode im Glas die einfachste. Es sind aber auch Plastikbehälter erhältlich, in denen man 3 Samensorten zur gleichen Zeit keimen lassen kann. Der Vorgang des Keimens selbst verläuft dabei jedoch nicht schneller oder effektiver als in Gläsern.
Die zum Keimen vorgesehenen Samen, Bohnen oder Körner werden zunächst »verlesen«, d. h. gebrochene oder ge-

spaltene Samen werden entfernt. Anschließend werden sie in einem Sieb gründlich gespült und in ein Einmachglas gegeben von ½–2 Liter Inhalt. Das Glas wird mit Wasser aufgefüllt, und zwar mit 4mal so viel Wasser, wie die Menge des Samens beträgt. Werden größere Bohnen eingelegt, kann der Deckel des Glases als Verschluß dienen. Doch müssen kleine Luftlöcher hineingebohrt werden. Bei kleineren Samen wird das Glas mit Gaze und Gummiband abgedeckt.

Die kleineren Samen werden ca. 8 Stunden eingeweicht, die größeren Bohnen und Körner brauchen etwa 15 Stunden. Das Einweichwasser wird weggeschüttet, die Samen und Bohnen werden dann 3mal am Tag »gegossen«. Sie dürfen aber nur leicht befeuchtet werden, denn wenn sie im Wasser schwimmen, können sie faulen. Das Glas steht in Zimmertemperatur. Die Samen werden bis zur gewünschten Länge – ca. 4–6 Tage – regelmäßig mit Wasser beträufelt. Beim Heranwachsen vergrößert sich der Samen ca. um sein 8faches.

Es wurde viel darüber diskutiert, ob man die Samen im Hellen oder Dunklen wachsen lassen sollte. Das Ergebnis weist keine großen Unterschiede auf, doch enthalten die im Dunklen gezogenen Keimlinge etwas mehr B-Vitamine. Die Keimlinge können am vorletzten Tag ins Licht gestellt werden, dabei bildet sich Chlorophyll, die Sprossen werden hellgrün.

Essen Sie die Keimlinge mit der Schale. Ihre Nährstoffe sind zwar nach dem Keimen aufgebraucht, aber die Hülsen liefern noch nützliche Ballaststoffe.

Milchsäuregärung

Die Milchsäuregärung ist eine natürliche Konservierungsmethode und vermutlich die älteste der Welt. Die Methode ist in westlichen Ländern fast gänzlich verschwunden und wird fast nur noch bei der Herstellung von Sauerkraut und Sauermilchprodukten angewandt.

Im Fernen Osten, in Rußland und den Balkanländern wird diese Tradition bis heute gepflegt. Zum Beispiel wird die russische Rote Bete-Suppe (Borschtsch) gewöhnlich aus milchsäuregegorenen Roten Beten zubereitet. Im Fernen Osten ist Miso (Seite 14) ein unentbehrlicher Teil der alltäglichen Kost. Die Misogärung ist ein mehrere Jahre dauernder Prozeß, bei dem besonders das schwer verdauliche Sojabohnen-Protein zu einem für den Organismus leichter aufnehmbaren Produkt veredelt wird. Auch die echt chinesische Soja ist ein milchsäuregegorenes Produkt.

Für die Milchsäuregärung wird das Gemüse in feine Streifen geschnitten. Bei der Gärung verwandelt sich der Milchzucker dann in Milchsäure. Die Säuerung verlängert nicht nur die Haltbarkeit der Produkte, sie verbessert und veredelt als einzige Konservierungsmethode auch die Qualität der Nahrungsmittel. Milchsäuregegorenes Gemüse ist leicht verdaulich. Die Milchsäure-Bakterien verhindern Fäulnisprozesse sowohl im Gemüse wie auch im Darm. Die Blutzirkulation im Darm wird gesteigert und somit eine leichtere Verdauung erreicht.

Das Gemüse bekommt durch die Milchsäuerung eine mürbe Konsistenz und ein pikantes Aroma. Man kann das gesäuerte Gemüse roh essen, z. B. in Salaten, man kann es auch warmen Gerichten beifügen, doch sollte es nur kurz erwärmt werden, um einen Vitaminverlust zu vermeiden. Das Gemüse darf auf keinen Fall gedüngt oder gespritzt sein, andernfalls mißlingt die Gärung und das Gemüse verfault.

Für die Einleitung des Gärungsprozesses sind eine gewisse Salzkonzentration, eine bestimmte Temperatur und ein leichter mechanischer Druck auf das Gemüse notwendig.

Es gibt spezielle Gefäße für Milchsäuregärung, sie sind in verschiedenen Größen (10 und 15 Liter) erhältlich. Sie erhalten mit diesen Gefäßen wohl das beste Resultat, aber Sie können sich auch mit Einmachglas, Gummiring und Verschlußbügel oder mit einem Marmeladenglas mit Schraubverschluß behelfen. Wichtig ist, daß die Gläser luftdicht verschlossen sind und daß das Gemüse leicht gepreßt wird. Dieser Druck läßt sich erzeugen, indem man eine Untertasse umgekehrt auf das Gemüse und darauf zur Beschwerung einen Stein legt. Der Stein muß vorher abgekocht werden, ebenso müssen alle anderen verwendeten Gegenstände peinlich sauber sein. Gläser müssen ausgekocht werden und in der Luft trocknen. Es darf kein Spülmittel dabei verwendet werden.

Sauerkraut

Anfängern ist zu empfehlen, mit der Milchsäuregärung von Weißkohl zu beginnen (Rotkohl und Wirsing kann man auf dieselbe Weise gären lassen). Die äußeren Kohlblätter werden zunächst entfernt und der ausgelöste Strunk wird abgeschnitten, gesäubert und fein geraspelt. Dann wird der zerteilte Kohlkopf selbst in dünne Streifen geschnitten.

Kohl wird gewöhnlich mit unterschiedlichen Gewürzen gegoren, z. B. mit Kümmel, Wacholder oder Koriander, evtl. auch mit einem geraspelten Apfel. Der Kohl wird im Glas zusammen mit Salz und den Gewürzen so lange gestampft, bis sich Saft bildet. Ein ganzes Kohlblatt wird anschließend obenauf gelegt.

Die verwendete Salzmenge sollte 1,5 Prozent des Gemüsegewichtes ausmachen. Geben Sie das Salz in Wasser, kochen Sie es auf und lassen Sie es dann abkühlen. Sie benötigen so viel Wasser, daß es im Säuerungsglas die Oberfläche des Kohls noch etwa 2 Zentimeter überdeckt. Außerdem müssen zwischen Wasserstand und Verschluß einige Zentimeter Luftraum sein. Schütten Sie nun das abgekühlte Wasser über den Kohl, legen Sie die Untertasse mit dem Stein als Beschwerung darauf und verschließen Sie das Gefäß.

Das Glas läßt man bei 22–25 °C ca. 2–3 Tage stehen. Sobald der Kohl Blasen wirft, wird es an einen Ort mit 15–16 °C gestellt. Nach 3–4 Tagen ist das Sauerkraut fertig und kann verzehrt werden oder im Kühlschrank weiter lagern.

Sonstige gesäuerte Gemüse

Die Milchsäuregärung läßt sich – neben Kohl – auch bei Roten Beten, Gurken, Bohnen, Zwiebeln, Karotten, Sellerie, Pilzen, Zuckererbsen, Tomaten, Rüben usw. anwenden. Dazu passende Gewürze sind Lorbeerblätter, Senfkörner, Koriander, Dill, Estragon, Meerrettich, Ingwer, Knoblauch usw.

Rote Beten werden geraspelt und wie Kohl verarbeitet. Bohnen und Pilze schneidet man in kleine Stücke und kocht sie einige Minuten im Salzwasser ab, bevor sie (abgekühlt) ins Glas gelegt werden. Das Gemüse kann einzeln säuern oder in einer Mischung, z. B. Sellerie mit Pastinaken, Karotten und Zwiebeln mit Knoblauch und Dill, Gurken und Bohnen mit Zwiebeln, Senf und Dill.

Es ist leicht festzustellen, ob eine Gärung mißlungen ist. Man merkt es sofort am Geschmack und am Geruch. Schuld daran ist oft eine zu schlechte Qualität des Gemüses. Oder die Hefepilze haben infolge zu warmer Aufbewahrung überhand genommen und die Milchsäurebakterien zerstört. Gelegentlich bildet sich ein weißer Hefepilz an der Oberfläche, der entfernt werden sollte.

Seitan

Seitan ist ein Weizengluten-Produkt und wird seit Jahrhunderten in fernöstlichen Klöstern und Tempeln von den Buddhisten-Mönchen gegessen. Seitan wurde von den Makrobiotikern in den Westen gebracht, wo es von den Vegetariern sehr geschätzt wird, da es in seiner Konsistenz Fleisch sehr ähnlich ist. Es läßt sich selbst herstellen.

Seitanteig

500 g Weizenmehl
ca. ⅖ l Wasser
4 EL Tamari (Sojasauce)
Wakame- oder Zuckertang

Das Mehl wird mit lauwarmem Wasser zu einem Brei verrührt, dann einige Minuten mit einem Löffel geschlagen, bis ein geschmeidiger Teig entsteht. Die Teigkugel wird mit lauwarmem Wasser bedeckt und muß ca. 10–30 Minuten (höchstens) stehen. Bei diesem Vorgang zieht sich das Gluten zusammen und die Stärke kann aus dem Teig herausgeknetet werden.

Wenn der Teig lange genug gezogen hat, wird er leicht mit den Fingern geknetet. Dann legt man ihn in ein Sieb, das in ein Gefäß voll Wasser eingetaucht wird, und knetet ihn weiter, um die Stärke herauszupressen. Man spült den Teig anschließend 4–6mal, bis die ganze Stärke entzogen ist. Beim ersten und letzten Spülvorgang sollte man kaltes Wasser, bei den anderen heißes Wasser nehmen. Der

fertiggespülte Glutenteig wird zu einem festen Kloß geknetet, dann in einen Topf mit so viel Wasser gegeben, daß der Kloß bedeckt ist. Man kocht ihn etwa 45 Minuten. Achten Sie darauf, daß der Kloß nicht am Boden festklebt.
Seitan wird zu Beefsteaks oder Rouladen verwendet, kann aber auch, in Würfel geschnitten, in Suppen und Eintöpfen mitkochen. Aus der Rezeptmenge lassen sich etwa 8 Seitan-Beefsteaks formen. Bleibt bei einer größeren Portion etwas übrig, können Sie den Seitan im Kühlschrank gut einige Tage aufbewahren.

Seitan-Beefsteaks
Der leicht abgekühlte Seitan wird ausgerollt. Mit einem Glas werden kleine »Beefsteaks« ausgestochen und in Öl goldbraun gebraten.

Seitan-Burger
Die Seitan-Beefsteaks sind auch als Burgerfüllung verwendbar. Ein durchgeschnittenes Sandwichbrötchen o. ä. wird mit Tahin, Sandwichpaste oder Natursenf bestrichen, dazwischen das Seitan-Beefsteak und ein Salatblatt gelegt und evtl. mit Tamari beträufelt. Zusätzlich kann man Sauerkraut, Sprossen oder Kresse in die Füllung geben.

Seitan-Rouladen
Kochen Sie bei der Seitanzubereitung ausreichend Tang mit. Der gekochte Seitan wird in längliche Stücke geschnitten, mit Zwiebeln oder Oliven gefüllt und mit Tang umwickelt. Die Rouladen können in einer feuerfesten Form im Ofen durchgewärmt werden.

Wichtige Küchengeräte

Die Zubereitung von Reformkost erfordert oft den Einsatz von Küchengeräten, die nicht in jedem Haushalt sind.
Wenn Sie viel Rohkost und feingeschnittenes Gemüse essen wollen, lohnt sich die Anschaffung einer elektrischen Küchenmaschine. Dazu gehört als Zusatzgerät ein Schnitzelwerk mit unterschiedlich groben Schnitzelscheiben. Einige Modelle haben eine Aufsatz-Getreidemühle zum Zerkleinern von Körnern, Samen, Nüssen usw. (eine elektrische Kaffeemühle reicht für kleine Mengen auch aus, allerdings nicht für Schrot). Im Mixbecher können gekochte Gemüse püriert werden.
Wer nicht so viel Geld investieren möchte, kommt auch gut mit einer handgetriebenen Maschine oder einer Rohkostreibe aus. Auch hier gibt es, je nach Bedarf, verschiedene Ausführungen.
Die Kartoffel- bzw. Gemüsepresse und ein Püriersieb (»Flotte Lotte«) gehören ebenso zur notwendigen Ausstattung.
Eine gute Gemüsebürste schafft fast die ganze Arbeit beim Putzen des Gemüses. Sollte es notwendig sein, wird mit einem Gemüsemesser nachgesäubert.
Zum Dämpfen von Gemüse sollten Sie einen gelochten Einsatz verwenden. Der Einsatz wird in einen Topf mit kochendem Wasser gesetzt, das Gemüse im Dampf gegart. Es verliert dabei weniger Nährstoffe. Spezielle Töpfe mit verschiedenen Einsätzen sind im Handel.

Der richtige Umgang mit Gemüse

▷ Verwenden Sie möglichst frisches, knackiges Gemüse. Wenn Sie im Winter die gewünschten Gemüsesorten nicht frisch bekommen, kaufen Sie lieber Tiefkühlgemüse statt Konserven.
▷ Gemüse soll kühl und dunkel gelagert werden.
▷ Gemüse wird am besten erst kurz vor der Zubereitung gewaschen und geputzt. Die Schale sollte (wie auch bei Obst) möglichst nicht entfernt werden, da viele Nährstoffe unmittelbar unter der Oberfläche gelagert sind. Außerdem versorgen Schalen und Hüllen den Körper mit Ballaststoffen.
▷ Gemüse sollte immer nur kurz angeschwitzt, gebraten oder gekocht werden, um den Nährwertverlust während der Warmbehandlung so gering wie möglich zu halten.
▷ Das Kochwasser von Kartoffeln und Gemüse kann für Suppen und Saucen aufgehoben werden.
▷ Bei der Aufbewahrung gegarter Gemüse gehen viele Nährstoffe verloren. Man sollte deshalb nie zu große Portionen zubereiten, es sei denn, man möchte einen Brotbelag für den nächsten Tag übrig haben.
▷ Vermeiden Sie, daß ein und dieselbe Gemüsesorte in einem Menü mehrfach verwendet wird.
▷ Wählen Sie Gemüse der Saison. Wenn möglich, sollte es in unseren heimischen Regionen gewachsen sein.

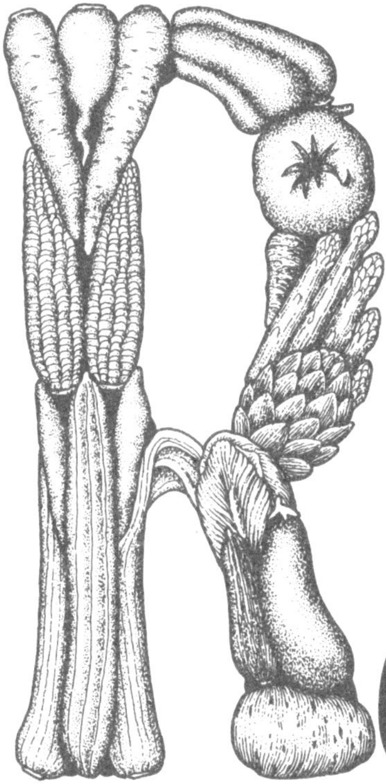

Rezepte

Die Mengenangaben in den Rezepten sind jeweils für 4 Personen berechnet – wenn nicht ausdrücklich anders angegeben. Gelegentlich ist es natürlich notwendig, mit der Größe der Portionen zu variieren, da nicht jeder gleich viel ißt. Ob die Portionen ausreichen, hängt auch von der Zahl der Gänge ab, die serviert werden. Möchten Sie Milch im Essen vermeiden, so läßt sich diese in den meisten Rezepten leicht durch Gemüsebouillon ersetzen. Statt Sahne (Kaffeesahne, Schlagsahne) können Sie auch Milch oder Bouillon verwenden.

Breie und Müsli zum Frühstück

Vom richtigen Einstieg in den Tag, d. h., vom richtigen Frühstück hängt wesentlich das tägliche Wohlbefinden ab. Startet man den Tag mit einer soliden und gesunden Mahlzeit, wird der Körper so gekräftigt, daß auch Zwischenmahlzeiten unnötig werden.
Mit einem Brei oder einem eingeweichten Müsli beginnen Sie den Tag immer richtig. Beide können mit Milchprodukten, frischem Obst, selbstgemachtem Früchtemus, Nüssen, Mandeln usw. kombiniert werden. Auch Milchprodukte mit Müsli, Früchtemus oder Vollkornbrot mit Käse sind zu empfehlen. Frisches Obst und rohes Gemüse sollten auf dem Tisch nie fehlen.

Trockenmüsli

200 g Weizenkeime
200 g geröstete Haferflocken
100 g Sesamsamen
50 g Sonnenblumenkerne
50 g gehackte Mandeln oder Nüsse

Die Zutaten mischen und in einem dicht verschließbaren Glas aufbewahren. Das Müsli kann über Joghurt, Dickmilch, evtl. zusammen mit kleingeschnittenem Trokkenobst, gestreut werden.

Bircher-Benner-Müsli

4 EL Haferflocken
12 EL kaltes Wasser
4 EL Zitronensaft
4 EL Joghurt
Honig oder frisch gepreßter Saft
4 große Äpfel
4 EL gehackte Mandeln oder Nüsse

Die Haferflocken über Nacht in Wasser einweichen. Am Morgen Zitronensaft und Joghurt dazugeben (evtl. noch ein wenig Wasser) sowie Honig und Fruchtsaft. Die Äpfel raspeln und dazumischen. Die Mandeln oder Nüsse darüberstreuen – und schon kann das Müsli serviert werden.

▷ Auch Weizenschrot, Roggen, Gerste, Weizenkeime, Hirseflocken usw. können unter das Müsli gemischt werden, ebenso anderes Obst anstelle von Äpfeln.

Gemischter Brei (Grütze)

50 g Hirse (ganz)
50 g Buchweizenschrot
50 g Haferflocken
4 EL Leinsamen
4 EL Sonnenblumenkerne
100 g getrocknete Pflaumen
ca. 1½ l Wasser

Alle Zutaten über Nacht einweichen, die Pflaumen, klein geschnitten, in einem eigenen Gefäß. Das Einweichwasser mit den Körnern und Flocken zum Kochen bringen, bei schwacher Hitze ca. 20 Minuten kochen lassen. Gelegentlich umrühren. In den letzten 5 Minuten die Pflaumen hinzufügen. Nach Belieben mit Salz abschmecken.

- ▷ Grundsätzlich können alle Körner über Nacht eingeweicht werden. Das verkürzt die Kochzeit und macht den Brei leichter verdaulich.
- ▷ Es ist schwierig, die benötigte Wassermenge für einen Brei exakt zu bestimmen. Man muß während des Kochens immer ein Auge auf den Brei im Topf werfen und immer dann etwas Wasser dazugeben, wenn der Brei anzubrennen droht.
- ▷ Die verschiedenen Körner, Flocken und Samen lassen sich auch mit Leinsamen, eingeweichtem Trokkenobst, wie Pflaumen, Feigen, Datteln oder Aprikosen, kochen. Brei oder Grütze kann auch mit frischem Obst, Müsli (trocken) oder Früchtemus zubereitet werden.

Vollkornbrei (-grütze)

200 g Weizenschrot (auch Roggen-, Gerste-, Haferschrot oder eine Mischung daraus)
½ l Wasser
evtl. Salz

Den Weizenschrot über Nacht einweichen. Im Einweichwasser zum Kochen bringen, bei schwacher Hitze 30–40 Minuten kochen lassen. Nach Belieben mit Salz abschmecken.

Buchweizengrütze

knapp 1½ l Wasser
200 g Buchweizengrieß
evtl. Salz

Das Wasser zum Kochen bringen, unter ständigem Rühren den Buchweizengrieß dazugeben. 20 Minuten bei schwacher Hitze kochen lassen. Gelegentlich umrühren und evtl. Wasser zufügen. Nach Belieben mit Salz abschmecken.

Haferbrei (-grütze)

300 g Haferflocken
ca. 8 dl Wasser
evtl. Salz

Die Haferflocken über Nacht einweichen. 5–8 Minuten im Einweichwasser kochen lassen, bis eine breiige Konsistenz erreicht ist. Evtl. Wasser hinzugeben und nach Belieben mit Salz abschmecken.

Gerstenbrei (-grütze)

200 g Gerstenschrot
ca. 1 l Wasser
4 EL Sultaninen
evtl. Salz

Den Gerstenschrot über Nacht einweichen. Im Einweichwasser zum Kochen bringen, bei schwacher Hitze ca. 25 Minuten kochen lassen. Gelegentlich umrühren und in den letzten 5 Minuten die Sultaninen hinzugeben.

Hirsebrei (-grütze)

knapp 1½ l Wasser
200 g Hirse (ganz)
evtl. Salz

Das Wasser zum Kochen bringen. Unter ständigem Rühren die Hirse hineingeben. 20–25 Minuten bei schwacher Hitze kochen lassen. Gelegentlich umrühren, evtl. Wasser nachgießen. Nach Belieben mit Salz abschmecken.

Pflaumen-Feigen-Mus

250 g Feigen (getrocknet)
250 g Pflaumen (getrocknet)

Die Früchte 8 Stunden in so viel Wasser einweichen, daß sie gerade bedeckt sind. Anschließend klein schneiden und in dem Einweichwasser ca. 15 Minuten kochen, bis der größte Teil der Flüssigkeit verdampft ist. Das Mus gelegentlich umrühren.

- ▷ Wenn Sie Probleme mit der Verdauung haben, kochen Sie 6–8 zerriebene Sennesblätter im Mus mit. Sennes sollte allerdings nicht zu häufig verwendet werden, da es diarrhoeähnliche Symptome (Durchfall) hervorrufen kann. Man sollte täglich nicht mehr als 1 Eßlöffel davon essen.
- ▷ Möchten Sie größere Mengen Pflaumen-Feigen-Mus zubereiten, so läßt es sich in Gläser mit dichtem Verschluß abfüllen und im Kühlschrank aufbewahren. Es ist dann mehrere Wochen haltbar.

Belegte Brote und Pasten

Zunächst erscheint es problematisch, sich belegte Brote vorzustellen ohne Bierschinken, Salami, Leberwurst, Sülze usw. Doch die Reformkost bietet eine Vielzahl anderer Möglichkeiten. Eine große Auswahl an Pasteten, Frikadellen und Beefsteaks aus pflanzlichen Substanzen sind bestens als Brotbelag geeignet. Auch Reste von einer warmen Mahlzeit können, wenn sie nicht zu feucht sind, aufs Brot gelegt und z. B. in Folie verpackt, als Brotzeit mit außer Haus genommen werden. Dazu gibt es selbstgebackenes Vollkorn-Roggenbrot oder Hüttenkäse. Eine rohe Karotte oder frisches Obst ist ein guter Abschluß der Brotzeit.

Vorschläge für belegte Brote

Grundlage für belegte Brote kann ein selbstgebackenes Sauerteig-Vollkornbrot sein (Seite 125) oder ein anderes der im Kapitel Brot und Brötchen aufgeführten Brote (auch Brötchen). Das Brot wird mit Butter oder Tahin bestrichen. Ein Salatblatt sollte nie fehlen. Bedenken Sie aber, daß Salatblätter leicht welk werden, wenn Sie das Brot z. B. Ihren Kindern als Pausenbrot mitgeben oder selbst für mittags ins Büro mitnehmen möchten.

- ▷ Eine Scheibe gekochter Sellerie, mit geraspelter Möhre bestreut und mit Zitronensaft beträufelt.
- ▷ Gekochter Lauch, mit geriebenem Meerrettich und Brunnenkresse garniert.
- ▷ Roh gebratene Kartoffelstäbchen in magerer, leichter Mayonnaise, mit roter Paprikaschote und schwarzen Oliven garniert.
- ▷ Rühreier mit Tomatenscheiben und gehacktem Schnittlauch.
- ▷ Quark (Magerstufe) mit dünn geschnittener grüner/roter Paprikaschote und Gurke, mit frischen Kräutern abgeschmeckt.
- ▷ Gekochte Kartoffelscheiben mit Avocado und Zitronensaft, darauf etwas Dill.
- ▷ Avocadoscheiben, mit Zitronensaft beträufelt. Salatzwiebel und Luzernekeimlinge als Garnierung.
- ▷ Körniger Frischkäse mit Radieschenscheiben, Erbsen und Schnittlauch.
- ▷ Körniger Frischkäse mit Avocado, Schnittlauch oder gehackter Petersilie.
- ▷ Champignonscheiben in Quark (Magerstufe), mit gehackter Petersilie und Zwiebel abgeschmeckt, mit Kresse garniert.
- ▷ Gebratene Zwiebelringe und Tomatenscheiben, mit geriebenem Käse bestreut.
- ▷ Gebratener Tofu (Seite 90) und Tomatenscheiben, mit Kresse garniert.
- ▷ Quark, mit Sultaninen oder eingeweichten Korinthen verrührt und mit Bananenscheiben dekoriert.

Etwas aufwendiger in den Zutaten und der Zubereitung und zum baldigen Verzehr bestimmt, kann der Brotbelag auch so aussehen:

▷ Grüner, gekochter Spargel, mit geriebenem Thymian bestreut und mit Käsescheiben überbacken.

▷ Champignon-Sahnecreme auf geröstetem Brot.

▷ Champignonscheibchen, mit gehackter Zwiebel und Petersilie geröstet, auf getoastetem Brot, mit geriebenem Emmentaler überbacken.

▷ Gebratene Zwiebelringe auf einem hartgekochten, halbierten Ei, darüber Crème fraîche (oder Schmand oder saure Sahne) mit geriebenem Apfel, mit Curry abgeschmeckt.

▷ Tomatenscheiben, mit frischem Basilikum bestreut, darauf halbierte grüne Oliven und eine Scheibe Käse zum Überbacken.

▷ In Scheiben geschnittene kalte Kräuterpastete (Seite 96), garniert mit in Scherben geschnittener grüner Paprikaschote, die mit Champignon-Sahnecreme gefüllt wurde.

Pasten

Hoummous

Kichererbsenpaste

300 g Kichererbsen
ca. 1¼ dl Olivenöl
Zitronensaft
2 Knoblauchzehen
1 Bund Petersilie
Salz

Die Kichererbsen über Nacht einweichen, anschließend in ca. 1 Stunde gar kochen. Das Wasser weggießen, die Kichererbsen durch einen Sieb streichen (passieren) oder im Mixer pürieren. Die Masse mit Olivenöl und Zitronensaft bis zur gewünschten Konsistenz rühren, mit zerdrücktem Knoblauch, gehackter Petersilie und Salz abschmecken. Die Paste sollte ziemlich dick sein, kann mit Wasser – je nach Wunsch – aber auch verdünnt werden.

▷ Man kann der Paste auch Tahin zufügen.

Sandwichpaste

250 g schwarze Oliven, 50 g Kapern
1 Knoblauchzehe, 4 EL Olivenöl

Die Oliven entkernen, das Fruchtfleisch zusammen mit den abgetropften Kapern, zerdrücktem Knoblauch und Öl im Mörser zerstoßen oder im Mixer pürieren.

▷ Die Paste kann längere Zeit im Kühlschrank aufbewahrt werden. Sie eignet sich gut als Brotaufstrich oder als Sandwichfüllung (mit Tomatenscheiben, Kopfsalat, Sojasprossen, Käse).

Tahin

Sesampaste

300 g Sesamsamen
Wasser, Salz

Die Sesamsamen in einer trockenen Pfanne leicht rösten, im Mörser zerstoßen oder passieren. Den Brei mit lauwarmem Wasser bis zur gewünschten Dicke aufrühren, mit Salz abschmecken.

Salate und Dressings

Rohkost spielt eine zentrale Rolle in der Reformkost. Dem rohen Gemüse sind keine Vitamine, Mineralien und Spurenelemente durch Erwärmung entzogen worden, deshalb sollte Rohkost ein fester Bestandteil der täglichen Ernährung sein.
Heute wird vielfach empfohlen, die Mahlzeit mit einem Rohkostsalat zu beginnen. Diese Meinung teilt z. B. auch der bekannte Schweizer Ernährungsforscher Dr. Bircher-Benner. Er empfahl, die Hälfte der täglichen Nahrung aus Rohkost zusammenzustellen, denn Rohkost wirkt günstig auf die Darmflora. Dr. Bircher-Benner war der Ansicht, daß die häufig beobachtete Müdigkeit nach warmem Essen vermieden werden könne, wenn das Menü mit Rohkost beginnt. Diese Annahme ist zwar nicht wissenschaftlich bewiesen, aber die Vorteile leuchten ein: Rohes Gemüse bewirkt eine erste Sättigung und verhindert damit, daß zuviel von den dickmachenden Hauptgerichten gegessen wird.

Salate

Zubereitung

Für die Zubereitung von Salaten gelten einige wichtige Grundregeln:
Blattsalate werden nach dem Putzen in reichlich Wasser gewaschen, gut abgetropft und evtl. zerkleinert.
Für *Gemüsesalate* wird das Gemüse gründlich gewaschen, darf aber nicht zu lange im Wasser liegen. Anschließend wird es geraspelt, grob oder feingeschnitten. Das Grünzeug fein gehackt über den Salat streuen. Grobe Gemüse können blanchiert, Hülsenfrüchte müssen eingeweicht werden.
Rohkostsalat sollte unmittelbar vor dem Servieren zubereitet werden, da der Sauerstoff in der Luft den Nährwert des feingeschnittenen Gemüses vermindert, speziell der Vitamin-C-Gehalt wird reduziert. Nur Rotkohl schneidet man eine Viertelstunde vor dem Essen und läßt ihn in Apfelessig mit Honig oder in Zitronensaft ziehen. Die Säureverbindung bewirkt, daß der Rotkohl seine Farbe behält und an Geschmack gewinnt.

Wildpflanzen

Die Wildpflanzen der Natur sind vor allem in den Frühjahrs- und Sommermonaten eine wertvolle Bereicherung unserer Salatküche. Wie schon erwähnt, sollten die Pflanzen nicht dort gesammelt werden, wo Gift gespritzt wurde oder wo starker Autoverkehr herrscht.
Die Wildpflanzen enthalten Vitalstoffe, die in Kulturpflanzen nicht vorkommen. Sie können auch als Beilage zu den Hauptgerichten serviert werden.
Da sich nicht jeder Wildpflanzen verschaffen kann, werden sie nur in wenigen Rezepten ausdrücklich erwähnt. Sie sind aber in keinem Salat fehl am Platz.

Frühlingssalat

Eine Handvoll junge Löwenzahn- und Brennesselblätter
1 Kopfsalat
1 EL gehackte Schalotte
1 EL gehackter Kerbel
5 EL Öl
2 EL Kräuteressig
1 Knoblauchzehe

Löwenzahn-, Brennessel- und Salatblätter in kleine Stücke zerteilen und mit der Schalotte und dem Kerbel mischen. Öl-Essig-Marinade mit zerdrücktem Knoblauch über den Salat gießen.

Italienischer Tomatensalat

500 g Tomaten
½ Salatgurke
1 Salatzwiebel
10 schwarze Oliven
4 EL Olivenöl
2 EL Kräuteressig
1 EL frisch gehackter Oregano
3 EL geriebener Parmesan

Die Tomaten vierteln, die Gurke in Würfel schneiden und die Zwiebel hacken. Halbierte Oliven dazumischen. Öl und Essig mit Oregano verrühren und über den Salat gießen. Mit Parmesan bestreuen.

▷ Der Salat kann auch auf griechische Art zubereitet werden: Statt Parmesan zerbröselten Feta (Schafskäse) verwenden.

Tomatensalat mit Kartoffeln

250 g Kartoffeln
200 g grüner Spargel
350 g Tomaten
5 EL Olivenöl
2 EL Zitronensaft
feingeschnittener Dill und Schnittlauch

Die Kartoffeln in der Schale gar kochen, pellen und in Scheiben schneiden. Den Spargel in kochendes Wasser geben und 8 Minuten kochen. Beides abkühlen lassen. Die Tomaten in Scheiben schneiden und mit den Kartoffeln und in Stücke geschnittenem Spargel mischen. Eine Öl-Zitronen-Marinade über den Salat geben und mit den feingeschnittenen Kräutern bestreuen.

Salat Niçoise

100 g weiße Bohnen
¼ Gurke
3–4 Tomaten
1 Bund Radieschen
1 kleine Zwiebel
1 grüne Paprikaschote
2 EL Kapern
12 schwarze Oliven
1 EL frisches, gehacktes Basilikum
5 EL Olivenöl, 2 EL Kräuteressig

Die weißen Bohnen waschen und über Nacht einweichen, dann im Einweichwasser ca. 1 Stunde gar kochen. Das Wasser abgießen und die Bohnen abkühlen lassen. Die Gurke in kleine Würfel, Tomaten und Radieschen in Scheiben schneiden. Die Zwiebel fein hacken, Paprika in dünne Streifen schneiden. Alles mit Kapern, Oliven und gehacktem Basilikum unter die Bohnen mischen. Eine Öl-Essig-Marinade über den Salat gießen. Evtl. mit Salz und Pfeffer abschmecken.

▷ Es gibt unzählige Varianten vom Salat Niçoise. Oft werden statt weißer Bohnen auch gekochte Kartoffeln verwendet.

Bohnensalat

100 g große weiße Bohnen
6 EL Olivenöl
3 EL Kräuteressig
1 Knoblauchzehe
1½ TL gemischte Kräuter (Oregano, Basilikum und Rosmarin)
1 Schalotte, ½ Gurke
2–3 Tomaten
1 Bund Petersilie

Die weißen Bohnen waschen und über Nacht einweichen. Am nächsten Tag im Einweichwasser ca. 1 Stunde gar kochen, das Wasser abgießen. Öl mit Essig, zerdrücktem Knoblauch und den Kräutern verrühren und über die leicht abgekühlten Bohnen gießen, in der Marinade ca. 2 Stunden ziehen lassen. Die Schalotte fein hacken, die Gurke in feine Würfel, die Tomaten in Viertel schneiden. Kurz vor dem Servieren unter die Bohnen mischen. Evtl. mit Salz und Pfeffer abschmecken. Mit gehackter Petersilie bestreuen.

Grüne-Bohnen-Salat

400 g feine grüne Bohnen
1 Salatzwiebel
1 grüne Paprikaschote
2 Tomaten
1 EL Olivenöl
3 EL Estragonessig
4 TL gemahlener Thymian

Die Bohnen 5 Minuten in kochendem Wasser blanchieren, abkühlen lassen und mit Zwiebelscheiben, geschnittener Paprikaschote und Tomatenvierteln mischen. Öl und Essig mit dem Thymian verrühren und über den Salat gießen.

Rot-grüner Bohnensalat

100 g Adzukibohnen
250 g feine grüne Bohnen
1 Radicchiosalat
¼ Eisbergsalat
1 kleine Schalotte
2 EL frisches, gehacktes Bohnenkraut
5 EL Olivenöl, 2 EL Kräuteressig

Die Adzukibohnen waschen und über Nacht in Wasser einweichen. Im Einweichwasser ca. 1 Stunde kochen. Das Wasser abgießen, die Bohnen abkühlen lassen. Die grünen Bohnen 5 Minuten kochen und anschließend kurz in Eiswasser tauchen, in kleine Stücke schneiden. Die zwei Salatköpfe in kleine Blattstücke zerteilen, die Schalotte fein hakken. Alle Zutaten mit Bohnenkraut mischen und mit einer Öl-Essig-Marinade begießen.

Grünkohlsalat

400 g feingehackter Grünkohl
250 g feingeschnittener Weißkohl
125 g Möhren
10–15 Datteln
1½ dl Joghurt, Honig

Grünkohl und Weißkohl mischen. Die Möhren raspeln, die Datteln in kleinere Stücke schneiden. Beides zum Kohl hinzugeben. Joghurt mit Honig abschmekken und unter den Salat rühren.

Rotkohlsalat mit Kiwi

600 g sehr fein geschnittener Rotkohl
4 EL Apfelessig mit Honig
1 Chicorée
1 Kiwi
25 g Cashewnüsse

Den Rotkohl hauchdünn schneiden, in dem Essig wenden und bis 15 Minuten vor dem Servieren kalt stellen. Den Chicorée in Streifen schneiden, Kiwi schälen, in Scheiben schneiden und dann halbieren. Die Nüsse hacken und alles unter den Kohl mischen.

Rotkohlsalat mit Mandarinen

600 g sehr fein geschnittener Rotkohl
4 EL Apfelessig mit Honig
4 Mandarinen
25 g gehobelte Nüsse
1 Handvoll Luzernekeimlinge

Den Rotkohl hauchdünn schneiden. Den Kohl im Essig wenden und bis 15 Minuten vor dem Servieren kalt stellen. Die Mandarinen schälen und in Segmente zerlegen. Zusammen mit den Nüssen unter den Salat geben. Mit Luzernekeimlingen bestreuen.

Rotkohlsalat mit Blattsellerie

600 g sehr fein geschnittener Rotkohl
2 EL Zitronensaft
1 Stangensellerie
1 kleiner Apfel
6 Datteln
3 EL Walnußöl
Brunnenkresse

Den Rotkohl hauchdünn schneiden. Den Zitronensaft zum Kohl geben, wenden und bis 15 Minuten vor dem Servieren kalt stellen. Sellerie und Apfel in dünne Scheiben schneiden, die Datteln grob hacken. Vor dem Servieren die drei Zutaten zusammen mit dem Öl unter den Kohl mischen. Mit Brunnenkresse bestreuen.

Gemischter Blumenkohlsalat

400 g kleine Blumenkohlröschen
400 g fein gehobelter Rotkohl
100 g Zuckererbsen
1 Handvoll Luzernekeimlinge
40 g gehackte Kürbiskerne
4 EL Olivenöl, 2 EL Zitronensaft

Blumenkohl und Rotkohl mischen. Die Erbsen zusammen mit den Keimlingen und Kürbiskernen hinzufügen. Öl und Zitronensaft verrühren und über den Salat gießen.

Blumenkohlsalat mit Danablu-Dressing

350 g kleine Blumenkohlröschen
½ Eisbergsalat
½ Salatgurke
60 g Danablu oder anderer Blauschimmelkäse
1½ dl Dickmilch, 2 EL Olivenöl
2 Tomaten, Brunnenkresse

Die Blumenkohlröschen mit dem kleingeschnittenen Eisbergsalat mischen. Die Gurke in Scheiben schneiden und dazugeben. Den Käse mit Dickmilch und Öl verrühren und über den Salat gießen. Mit Tomatenvierteln und Brunnenkresse garnieren.

Rosenkohlsalat

250 g Rosenkohl
250 g Möhren
1 dl Crème fraîche oder saure Sahne
Zitronensaft
1 Bund Dill

Den Rosenkohl in feine Streifen schneiden, die Möhren raspeln. Crème fraîche mit Zitronensaft abschmecken und gehackten Dill hinzurühren, über den Salat geben.

Weißkohlsalat

600 g feingeschnittener Weißkohl
2 süße Äpfel, 25 g Rosinen
25 g gehackte Mandeln
4 EL Maisöl
2 EL Apfelessig mit Honig

Den Weißkohl mit den gewürfelten Äpfeln, Rosinen und Mandeln mischen. Öl und Essig verrühren und über den Salat gießen.

Walnuß-Weißkohl-Salat

1 grüne Paprikaschote
150 g Weintrauben
600 g feingeschnittener Weißkohl
25 g Rosinen
50 g gehackte Walnüsse
4 EL Walnußöl
2 EL Kräuteressig

Die Paprikaschote in schmale Streifen schneiden. Die Weintrauben halbieren und die Kerne entfernen. Weißkohl, Paprika, Trauben, Rosinen und Walnüsse vermischen. Eine Öl-Essig-Marinade über den Salat geben.

Krautsalat

1 Möhre, 1 grüne Paprikaschote
1 süßer Apfel
600 g feingeschnittener Weißkohl
50 g Cheddar Käse
50 g Sonnenblumenkerne
4 EL Sonnenblumenöl
2 EL Kräuteressig

Die Möhre raspeln, Paprikaschote und Apfel würfeln. Beides unter den Weißkohl mischen. Mit geriebenem Käse und Sonnenblumenkernen bestreuen. Öl und Essig verrühren und über den Salat geben.

Sauerkrautsalat

200 g Champignons
½ rote Paprikaschote
½ grüne Paprikaschote
250 g Sauerkraut
4 EL Öl, 2 EL Kräuteressig
frischer Ingwer

Die Champignons in Scheiben, die Paprikaschoten in kleine Würfel schneiden. Beides unter das Sauerkraut mischen. Öl und Essig mit frischem Ingwer würzen und über den Salat gießen.

Kohlrabisalat

350 g Kohlrabi
2 Äpfel
4 Mandarinen
50 g Rosinen, 25 g Mandeln
1½ dl Joghurt, evtl. Honig
Luzernekeimlinge

Kohlrabi auf der Rohkostreibe raspeln. Die Äpfel würfeln, die Mandarinen schälen und in Segmente zerteilen. Die drei Zutaten mit Rosinen und gehackten Mandeln mischen. Joghurt hineinrühren und nach Belieben mit Honig abschmekken. Den Salat mit reichlich Luzernekeimlingen bestreuen.

Chicoréesalat

2–3 Chicorée
100 g Sojasprossen
4 EL Öl
2 EL Kräuteressig
4 Scheiben Vollkorn-Weißbrot
1 Knoblauchzehe
3 EL Öl
4 EL Dill

Den Chicorée in Streifen schneiden, die Sojasprossen einmal durchschneiden, miteinander mischen und mit einer Öl-Essig-Marinade übergießen. Das Weißbrot würfeln und mit zerdrücktem Knoblauch in Öl goldbraun rösten. Zusammen mit gehacktem Dill kurz vor dem Servieren über den Salat streuen.

Grüner Chicoréesalat

2 Chicorée
1 grüne Paprikaschote
3 Stangensellerie
¼ Gurke
100 g Zuckererbsen
4 EL Olivenöl
2 EL Kräuteressig
2 EL Sesamsamen
1 Handvoll Luzernekeimlinge

Chicorée, Paprikaschote, Sellerie und Gurke in dünne Streifen schneiden. Die Erbsen enthülsen. Das Gemüse gründlich miteinander vermischen und mit einer Öl-Essig-Marinade übergießen. Mit Sesam und grob zerkleinerten Keimlingen bestreuen.

Zucchinisalat

2 Lauchstangen
2 EL Maisöl
500 g Zucchini
6 EL Maisöl
3 EL Kräuteressig
1 Knoblauchzehe
2 EL geschnittener Dill
½ EL frisch gehackter Estragon

Den Lauch in dünne Streifen schneiden und in Öl 8–10 Minuten anschwitzen. Die Zucchini ungeschält in dünne Scheiben schneiden und mit dem abgekühlten Lauch vermischen. Eine Marinade aus Öl, Essig, zerdrücktem Knoblauch, Dill und Estragon bereiten und über den Salat gießen.

Avocadosalat

2 Avocados
1 Schalotte
2 Tomaten
150 g Champignons
¼ Salatgurke
4 EL Walnußöl
2 EL Kräuteressig
1 Bund Schnittlauch

Die Avocados schälen und in Würfel schneiden. Die Schalotte hacken, die Tomaten vierteln, Champignons und Salatgurke in Scheiben schneiden. Alle Zutaten miteinander vermischen und in einer Öl-Essig-Marinade gründlich wenden. Mit geschnittenem Schnittlauch bestreuen.

Roter Avocadosalat

2 Avocados
1 Salatzwiebel
250 g milchsäuregegorene (oder frisch geriebene) Rote Bete
3 EL Öl
3 EL Zitronensaft
Weizenkeimlinge

Die Avocados schälen und in Würfel schneiden. Zusammen mit der gehackten Zwiebel und der gewürfelten Roten Bete mischen. Öl und Zitronensaft verrühren und über den Salat gießen. Mit reichlich Weizen- oder anderen Keimlingen bestreuen.

Käse-Avocado-Salat

2 Avocados
200 g roter Cheshire Käse
100 g blaue Weintrauben
50 g Walnüsse
4 EL Öl
2 EL Kräuteressig
Luzernekeimlinge

Die Avocados schälen und in Würfel schneiden. Den Käse ebenfalls würfeln. Die Weintrauben halbieren und entkernen. Die drei Zutaten mit den grobgehackten Walnüssen mischen und mit einer Öl-Essig-Marinade übergießen. Die Luzernekeimlinge darüberstreuen.

Grüner Chicoréesalat

Knollensalat

350 g Kartoffeln
200 g Rote Beten
200 g Sellerieknolle
6 EL Maisöl
3 EL Zitronensaft
100 g Pastinake
1 Bund Dill

Kartoffeln und Rote Bete miteinander in der Schale kochen. Die Kartoffeln herausnehmen, wenn sie gar sind. Sellerie schälen und separat gar kochen. Nach dem Kochen das Gemüse abkühlen lassen. Kartoffeln und Rote Bete pellen, dann alle drei Gemüsesorten in Würfel schneiden und mischen. Öl und Zitronensaft verrühren und über den Salat gießen. Pastinake hobeln und zum Salat geben. Mit geschnittenem Dill bestreuen.

Gemischter Rote-Bete-Salat

200 g Rote Bete
1 Dose Artischockenherzen
100 g grüne Bohnen
100 g kleine Schalotten
2 EL Honig
1 EL Butter
½ dl Wasser
4 EL Olivenöl
2 EL Kräuteressig
Brunnenkresse

Die Roten Beten gar kochen, pellen, abkühlen lassen und in dünne Scheiben schneiden. Die Artischockenherzen vierteln. Die grünen Bohnen einige Minuten kochen, abkühlen und in kleinere Stücke schneiden. Die Schalotten pellen und in Honig und Butter glasieren, Wasser dazugeben und gar dämpfen lassen. Abkühlen lassen und alle Gemüsesorten mischen. Öl-Essig-Marinade darübergießen und mit reichlich Brunnenkresse bestreuen.

Rot-weißer Rote-Bete-Salat

200 g Rote Bete
1 dicke Scheibe Sellerieknolle
1 Chicorée
1 kleine Mairübe
4 EL Öl
2 EL Kräuteressig
1 Bund Petersilie

Rote Beten und Sellerie auf der Rohkostreibe hobeln. Chicorée in feine Streifen, die Mairübe in kleine Würfel schneiden. Alles mischen. Öl, Essig und gehackte Petersilie verrühren und über den Salat gießen.

Rote-Bete-Meerrettich-Salat

400 g Rote Bete
1 dl Joghurt
1 dl Crème fraîche oder saure Sahne
geriebener Meerrettich
2 EL frisch gehackter Liebstöckel

Die Roten Beten auf der Rohkostreibe raspeln. Joghurt und Crème fraîche verrühren, mit geriebenem Meerrettich und evtl. Salz abschmecken. Die geraspelten Roten Beten in dem Dressing wenden und den Salat mit feingehacktem Liebstöckel bestreuen.

Mairübensalat

2–3 feste Mairüben
2 Möhren
4 EL Olivenöl
2 EL Zitronensaft
1 TL zerriebener Thymian
1 Bund Petersilie

Mairüben und Möhren auf der Rohkostreibe raspeln. Eine Öl-Essig-Marinade darübergeben. Zerdrückten Thymian und Petersilie untermischen.

Mairübensalat mit Curry-Dressing

2–3 feste Mairüben
1 dl Crème fraîche oder saure Sahne
1 EL Kapern
Curry, Zitronensaft
50 g Mandeln
Zitronenmelisse

Die Mairüben in hauchdünne Scheiben schneiden. Crème fraîche mit Kapern verrühren, mit Curry und Zitronensaft abschmecken, die Mairüben in dem Dressing wenden. Die Mandeln überbrühen, häuten und durchschneiden, in einer trockenen Pfanne rösten und zusammen mit frischgehackter Zitronenmelisse über den Salat streuen.

Bunter Kartoffelsalat

500 g Kartoffeln
1–2 Avocados
300 g feingeschnittener Rotkohl
60 g schwarze Oliven
50 g Walnüsse
5 EL Walnußöl
3 EL Kräuteressig
Brunnenkresse

Die Kartoffeln in der Schale gar kochen, pellen und abkühlen lassen, dann in Scheiben schneiden. Die Avocados schälen und würfeln. Kartoffeln, Avocados und Rotkohl mischen. Die schwarzen Oliven durchschneiden und zusammen mit grobgehackten Walnüssen dazugeben. Öl und Essig verrühren und über den Salat gießen. Mit reichlich Brunnenkresse bestreuen.

Kartoffelsalat mit Sojasprossen

500 g Kartoffeln
125 g Sojasprossen
1 Bund Radieschen
3 Stangensellerie
1 dl Crème fraîche oder saure Sahne
1 EL Apfelessig mit Honig
50 g gehackte Sellerieblätter
1 Bund Petersilie

Die Kartoffeln in der Schale gar kochen, pellen und abkühlen lassen, dann in Scheiben schneiden und mit Sojasprossen mischen. Radieschen und Selleriestangen, in Scheiben geschnitten, dazugeben. Crème fraîche oder saure Sahne mit Essig, Sellerieblättern und Petersilie verrühren, nach Belieben mit Salz und Pfeffer abschmecken, über den Salat geben und vermischen.

Selleriesalat

400 g Sellerie
1 Chicorée
150 g blaue Weintrauben
5 EL Öl
2 EL Kräuteressig
Luzernekeimlinge

Den Sellerie auf der Rohkostreibe raspeln, Chicorée in feine Scheiben schneiden. Die Weintrauben halbieren und entkernen. Die drei Zutaten mischen und eine Öl-Essig-Marinade darübergießen. Mit reichlich Luzerne- oder anderen Keimlingen bestreuen.

Bunter Selleriesalat

400 g Sellerie
6 EL Öl
2 EL Tamari (Sojasauce)
½ Salatgurke
2–3 Tomaten
1 Bund Petersilie

Den Sellerie auf der Rohkostreibe raspeln. Öl und Tamari unterrühren. Die Gurke in kleine Würfel schneiden, die Tomaten vierteln und die Petersilie hakken. Alles zum Sellerie geben und mischen.

Karottensalat

250 g Karotten
½ dl Orangensaft
25 g Walnüsse
250 g körniger Frischkäse
Kresse

Die Karotten auf der Rohkostreibe raspeln und in Orangensaft wenden. Die Nüsse hacken und hinzufügen. Den Frischkäse in der Mitte einer Platte aufhäufen, den Karottensalat um den Käse anrichten. Mit Kresse garnieren.

Süßer Möhrensalat

250 g Möhren oder Karotten
2–3 Äpfel
2 EL Zitronensaft
2 TL Honig
100 g Feigen, 50 g Walnüsse

Möhren und Äpfel auf der Rohkostreibe raspeln. Zitronensaft mit Honig dazugeben. Die Feigen (evtl. auch eingeweichte) in kleine Würfel schneiden und unter den Salat mischen. Mit gehackten Walnüssen bestreuen.

Champignonsalat mit Schnittlauch

300 g Champignons
1 dl Crème fraîche oder saure Sahne
Zitronensaft
1 Bund Schnittlauch
10 gefüllte Oliven

Die Champignons in Scheiben schneiden. Crème fraîche mit Zitronensaft und evtl. mit etwas Salz abschmecken, Schnittlauch dazugeben und über die Champignons gießen. Mit Olivenscheiben garnieren.

Bunter Champignonsalat

200 g Champignons
1 Bund Radieschen
1 grüne Paprikaschote
150 g frische Erbsen
5 EL Öl, 3 EL Zitronensaft
gehackte Brennesselblätter oder
Brunnenkresse

Die Champignons in Scheiben schneiden, ebenso die Radieschen, die Paprikaschote würfeln. Die Zutaten mit den Erbsen mischen und mit einem Öl-Zitronen-Dressing begießen. Mit dem feingehackten Grünzeug garnieren.

Erbsensalat

300 g gekochte neue Kartoffeln
250 g gekochter Spargel
200 g Erbsen
4 EL Olivenöl
2 EL Kräuteressig
frischer Thymian

Die Kartoffeln nach dem Kochen in Scheiben schneiden und mit Spargel und Erbsen mischen. Eine Öl-Essig-Marinade darübergießen und mit frischem Thymian bestreuen.

Französischer Linsensalat

250 g Linsen
1 Gemüsebouillonwürfel
1 Bund Petersilie
2 TL frischer Thymian
1 EL frischer, gehackter Liebstöckel
1 Lorbeerblatt
2 Stangensellerie
5 EL Walnußöl, 2 EL Kräuteressig

Die Linsen ca. 30 Minuten in Bouillon mit gehackter Petersilie, Thymian, Liebstökkel und Lorbeer gar kochen. Evtl. überschüssiges Wasser abgießen, die Linsen abkühlen lassen, Lorbeerblatt entfernen. Die Selleriestangen in hauchdünne Scheiben schneiden, die Blätter fein hakken und beides unter die Linsen mischen. Eine Öl-Essig-Marinade über den Salat gießen.

Eisbergsalat

1 kleiner Eisbergsalat
½ Salatgurke
1 kleine grüne Paprikaschote
10 grüne Oliven
4 EL Olivenöl, 2 EL Zitronensaft
1 TL Thymian
Brunnenkresse

Den Eisbergsalat in feine Stücke zupfen. Gurke und Paprikaschote in Würfel schneiden, die Oliven in Scheiben. Eine Marinade aus Öl, Zitronensaft und Thymian rühren, über den Salat gießen und gut wenden. Mit reichlich Brunnenkresse anrichten.

Topinambursalat

350 g Topinambur
4 EL Olivenöl
2 EL Kräuteressig
4 Scheiben Ananas
1 grüne Paprikaschote
25 g Nüsse
Brunnenkresse

Nur das dicke Ende des Topinambur verwenden, da die dünnen Teile schwer zu kauen sind. Topinambur in papierdünne Scheiben schneiden und sofort in einer Öl-Essig-Marinade wenden. Ananas würfeln und die Paprikaschote fein schneiden. Beides zum Topinambur mischen und mit gehackten Nüssen und Brunnenkresse garnieren.

Indischer Salat

250 g grüne Bohnen
250 g Champignons
1 Salatzwiebel
1 dl Crème fraîche oder saure Sahne
Curry
2 Tomaten
1 Bund Schnittlauch

Die Bohnen 2–3 Minuten in kochendem Wasser blanchieren, abtropfen lassen, dann die Schoten einmal durchschneiden. Die Champignons in Scheiben, die Zwiebel in sehr feine Ringe schneiden. Crème fraîche mit Curry, evtl. mit Salz abschmecken und über den Salat geben. Mit Tomatenvierteln und gehacktem Schnittlauch garnieren.

Bunter Reissalat

225 g roher Reis
1 grüne Paprikaschote
1 rote Paprikaschote
100 g Mais
100 g Feta (Schafskäse)
6 EL Olivenöl
3 EL Kräuteressig
1 Knoblauchzehe
1 EL frisch gehackter Oregano

Den Reis waschen und in ca. 40 Minuten gar kochen, abkühlen lassen. Beide Paprikaschoten fein schneiden und zusammen mit gekochtem Mais und zerbröseltem Feta unter den Reis mischen. Öl und Essig mit zerdrücktem Knoblauch und Oregano vermischen und über den Reis gießen. Evtl. mit Salz und Pfeffer würzen.

▷ Der Salat schmeckt am besten, wenn man ihn einige Stunden vor dem Servieren durchziehen läßt.

Sojasprossensalat

150 g Sojasprossen
2 Clementinen
2 Äpfel, 50 g Rosinen
5 EL Öl, 2 EL Zitronensaft
Honig

Die Sprossen durchschneiden. Die Clementinen schälen und in die einzelnen Segmente zerteilen. Die Äpfel würfeln. Zusammen mit den Rosinen mischen. Öl und Zitronensaft verrühren, mit Honig abschmecken, über den Salat gießen und alles gut vermischen.

Kichererbsensalat

200 g Kichererbsen
4 EL Olivenöl
5 EL Weinessig
4 Blätter Eisbergsalat
2 Tomaten
1 Bund Petersilie

Die Kichererbsen waschen und über Nacht einweichen. Ca. 1 Stunde im Einweichwasser gar kochen. Das Wasser abgießen und die Kichererbsen in der Öl-Essig-Marinade wenden, einige Stunden kalt stellen. Vor dem Servieren die Salatblätter untermischen. Mit Tomatenvierteln und Petersilie garnieren.

Grapefruit-Gemüse-Salat

1 Grapefruit
2 Stangensellerie
1–2 Chicorée
100 g Sojasprossen
1 dl Dickmilch
Honig
8 schwarze Oliven
Brunnenkresse

Die Grapefruit schälen und in Segmente teilen. Die Fruchthaut entfernen, dann die Fruchtstücke würfeln. Sellerie und Chicorée in feine Streifen schneiden, die Sprossen einmal durchschneiden. Alle Zutaten miteinander vermischen. Die Dickmilch mit Honig verrühren und über den Salat gießen. Kurz vor dem Servieren mit gehackten Oliven und Brunnenkresse garnieren.

Ananas-Zwiebel-Salat

1 kleine Ananas
1 große Zwiebel
2 dl Crème fraîche oder saure Sahne
Curry
Paprika
Tamari (Sojasauce)
2 EL feingehackte Zitronenmelisse

Die Ananas schälen, zunächst in Scheiben und dann in kleine Würfel schneiden. Die Zwiebel hacken und mit kochendem Wasser überbrühen, nach 2 Minuten das Wasser abgießen, Ananaswürfel dazugeben. Crème fraîche mit Curry, Paprika und Tamari abschmecken. Die Ananas-Zwiebel-Mischung unter die Creme heben und mit Zitronenmelisse bestreuen.

Waldorfsalat

4 Äpfel
2 dl Crème fraîche oder saure Sahne
4 Stangensellerie
100 g Weintrauben
Zitronensaft
50 g Walnüsse

Die Äpfel grob raspeln oder in Würfel schneiden. Sofort mit Crème fraîche vermischen. Sellerie in dünne Scheiben schneiden. Die Weintrauben halbieren und die Kerne entfernen. Sellerie und Trauben zu den Äpfeln geben und mit etwas Zitronensaft abschmecken. Grobgehackte Walnüsse über den Salat streuen.

Bananensalat

1–2 Bananen
4 EL Apfelessig mit Honig
2 EL Olivenöl
50 g Rosinen
1 dl frisch geraspelte Kokusnuß
1 Chicorée (groß)

Die Bananen in Scheiben schneiden und sofort in Essig und Öl wenden. Rosinen, die geraspelte Kokusnuß und den in feine Streifen geschnittenen Chicorée dazugeben.

▷ Ein idealer Salat speziell für orientalische Gerichte.

Käsesalat

200 g Emmentaler
2–3 Stangensellerie
½ Eisbergsalat
50 g Walnüsse
5 EL Walnußöl
3 EL Kräuteressig
1 Handvoll Brennesselblätter

Den Käse würfeln. Sellerie in dünne Scheiben schneiden, die grünen Blätter fein hacken. Den Salat in kleine Blätter zerteilen. Die Walnüsse hacken. Alle Zutaten mischen und mit einer Öl-Essig-Marinade übergießen. Kleine, frische Brennesselblätter fein schneiden und darüberstreuen.

▷ Wenn gerade keine Saison für frische Brennesseln ist, kann stattdessen auch anderes Grünzeug verwendet werden.

Dressings

In den meisten Rezepten wird eine einfache Öl-Essig-Marinade vorgeschlagen (kaltgepreßtes Öl). Man kann natürlich auch andere Dressings verwenden. Z. B. kann Essig durch Zitronen- oder Orangensaft ersetzt werden.
Kräuteressig kann man leicht selbst herstellen, indem man einige Kräuterzweige, wie Basilikum, Estragon, Dill, Majoran, Oregano usw., in klarem Essig ca. 1 Monat lang ziehen läßt.
Zu schwereren Salaten können Dickmilch-, Joghurt- oder Crème-fraîche-Dressings zubereitet werden.

Käse-Dressing

1½ dl Dickmilch
Danablu oder anderer
Blauschimmelkäse
gehackte Walnüsse

Dickmilch nach Belieben mit Käsebröseln glattrühren und die Walnüsse dazugeben.

Joghurt-Dressing

1½ dl Joghurt
Honig
Estragonessig
frische, gehackte Kräuter

Joghurt mit Honig, Essig, Kräutern und evtl. Salz und Pfeffer abschmecken.

Französisches Dressing

5 EL Olivenöl
3 EL Estragonessig
3 EL Wasser
½ TL Honig
½ TL zerriebener Thymian
½ TL Paprikapulver
½ TL Salz
½ gehackte Knoblauchzehe

Alle Zutaten zusammenschütteln.

Curry-Dressing

½ dl Joghurt
½ dl Crème fraîche oder saure Sahne
5 EL Orangensaft
Honig, Curry, Salz und Pfeffer

Joghurt und Créme fraîche mit Orangensaft verrühren und mit Honig, Curry, Salz und Pfeffer abschmecken.

Kräuter-Dressing

5 EL Weintraubenkernöl
3 EL Kräuteressig
3 TL Wasser
1 EL gehackte Kapern
1 EL gehackte Petersilie
1 EL feingehackte Essiggurke
Natursenf, Tamari (Sojasauce)

Öl, Essig und Wasser mit Kapern, Petersilie und Gurke zusammenschütteln. Mit ein wenig Senf und Tamari abschmecken.

Suppen

Suppen und Breie gehören zu den ältesten Formen warmen Essens in unserer Kultur.
Besonders wohlschmeckend und schnell zubereitet sind Gemüsesuppen. Suppengemüse, ergänzt mit eingeweichtem Vollkorn, Bohnen, Käse oder anderen Milchprodukten, ergibt eine vollwertige Zusammensetzung. Auch das Gemüsekraut, das oft weggeschnitten wird und im Abfalleimer landet, ist reich an Vitaminen und Mineralstoffen. Es kann gehackt in der Suppe mitkochen.
Wenn nach Zubereitung eines Gemüsegerichtes viel Gemüsekraut übrig geblieben ist, können Sie es mit gehackter Zwiebel in reichlich Wasser ca. 1 Stunde zu einer würzigen Gemüsebouillon kochen. Gießen Sie die Bouillon hinterher durch ein Sieb und frieren Sie passende Portionen ein. Hauptsächlich wird das Kraut von Petersilienwurzeln, Pastinaken, Kohlrabi, Karotten, Sellerie, Lauch, Zwiebeln und Roten Beten verwendet. Es können auch Wildpflanzen in die Suppe gegeben werden. Auf keinen Fall aber sollten Sie Kartoffelkraut verwenden, da es das giftige Solanin enthält.
In den meisten Suppen-Rezepten wird eine Gemüsebouillon als Grundlage gebraucht. Sie können selbstgemachte Bouillon nehmen oder in Wasser aufgelöste Bouillonwürfel bzw. -pulver oder -pasten. Zutaten wie Sahne oder Crème fraîche können durch Milch ersetzt werden. Möchten Sie Milchprodukte ganz vermeiden, wird ausschließlich Gemüsebouillon verwendet. Zu allen Suppen können Brötchen, Baguette oder sonstiges Brot serviert werden.
Die beschriebenen Suppen sind in den Mengen der Zutaten als Vorspeisen gedacht. Sollen sie als selbständiges Hauptgericht dienen, sollten die Portionen mindestens verdoppelt werden.

Rosenkohlsuppe

500 g Rosenkohl
1 l Gemüsebouillon
2 dl Milch
2 TL Thymian
30 g Butter
3 EL Mehl
30 g Mandelblättchen

Rosenkohl in Viertel schneiden, in die kochende Bouillon geben und ca. 20 Minuten kochen lassen. Die Milch und zerriebenen Thymian hinzufügen. Aus Butter und Mehl eine Kugel kneten und die Suppe damit binden, evtl. mit Salz und Pfeffer abschmecken. Die Mandelblättchen in trockener Pfanne rösten und vor dem Servieren über die Suppe streuen.

Weißkohlsuppe

1 Zwiebel
1 grüne Paprikaschote
1 Knoblauchzehe, 2 EL Öl
1 l Gemüsebouillon
8 dl feingeschnittener Weißkohl
1 Bund frische Kräuter (bouquet garni)
2 dl Milch oder Sahne
Maismehl, Muskatnuß
1 Bund Petersilie
50 g geriebener Parmesan

Zwiebel und Paprikaschote hacken und zusammen mit zerdrücktem Knoblauch in Öl anschwitzen. Mit der Bouillon aufgießen. Den Weißkohl und das Kräuterbündel hineinlegen, ca. 20 Minuten kochen, dann die Milch hinzuschütten. Das Kräuterbündel entfernen. Die Suppe nach Belieben mit Maismehl binden. Mit geriebener Muskatnuß und evtl. Salz und Pfeffer abschmecken. Beim Servieren mit gehackter Petersilie und geriebenem Parmesan bestreuen.

Russische Weißkohlsuppe

1 Zwiebel, 1 Möhre
2 EL Öl
200 g Kartoffeln
400 g feingeschnittener Weißkohl
1,2 l Gemüsebouillon
2 TL Kümmel
2 El Tomatenpüree
4 EL milchsäuregegorene Champignons
4 EL Crème fraîche oder saure Sahne
4 EL geschnittener Dill

Die Zwiebel hacken, die Möhre raspeln und beides in Öl anschwitzen. Die Kartoffeln würfeln und zusammen mit dem Weißkohl dazugeben. Mit der Bouillon aufgießen, Kümmel und Tomatenpüree hinzufügen und 20 Minuten kochen. Die Champignons (evtl. auch frische) dazuschütten und aufwärmen. Beim Servieren auf jede Portion 1 Eßlöffel Crème fraîche geben. Mit Dill bestreuen.

Hellgrüne Weißkohlsuppe

ca. 1 l Gemüsebouillon
500 g geschnittener Weißkohl
300 g Kartoffeln
2 Stangensellerie
50 g gehackte Sellerieblätter
1 dl Crème fraîche oder saure Sahne

Die Bouillon zum Kochen bringen. Den Weißkohl hineingeben. Die Kartoffeln mit der Schale auf der Rohkostreibe raspeln und mit feingehackten Selleriestangen und -blättern in die Suppe geben und ca. 20 Minuten kochen lassen und dann Crème fraîche zufügen.

Kohlrabisuppe mit Maronen

400 g Kohlrabi
1 Zwiebel, 3 EL Öl
1 l Gemüsebouillon
2 dl Milch oder Sahne
Paprikapulver
150 g Eßkastanien (Maroni)
1 Bund Petersilie

Kohlrabi raspeln und die Zwiebel hacken, beides in Öl anschwitzen. Die Bouillon über das Gemüse gießen, 15 Minuten kochen, dann im Mixer pürieren. Das Püree in den Topf zurückschütten und die Milch oder Sahne dazugeben. Mit Paprika oder evtl. Salz abschmecken. In das spitze Ende der Maronen ein Kreuz einschneiden, dann 15 Minuten kochen. Anschließend die Schale und die braune Haut entfernen, in Würfel schneiden und einige Minuten in der Suppe mitkochen lassen. Mit gehackter Petersilie bestreut servieren.

Möhrensuppe

1 Zwiebel
2 EL Öl
400 g Möhren
1 Kartoffel
1 l Gemüsebouillon
2 dl Milch
evtl. Maismehl
30 g Sonnenblumenkerne
1 Bund Petersilie

Die Zwiebel hacken, in Öl leicht anrösten. Die Möhren und die Kartoffel würfeln und dazugeben. Mit Bouillon aufgießen und die Gemüse gar kochen. Im Mixer pürieren, dann in den Topf zurückschütten. Die Milch hinzugeben und die Suppe nochmals aufkochen lassen. Soll die Suppe etwas dicker sein, kann sie mit Maismehl gebunden werden. Beim Servieren mit gehackten Sonnenblumenkernen und feingeschnittener Petersilie bestreuen.

Pürierte Brokkolisuppe

400 g Brokkoli
200 g Kartoffeln
1 EL frischer, gehackter Majoran
1 l Gemüsebouillon
1 dl Sahne, evtl. Milch
6 EL körniger Frischkäse
1 kleiner Stangensellerie
1 Knoblauchzehe

Den Brokkoli in Röschen zerteilen, die Kartoffeln klein würfeln und mit dem Majoran in der Bouillon ca. 15 Minuten gar kochen. Die Suppe im Mixer pürieren, anschließend in den Topf zurückschütten und die Sahne dazugeben. Nochmals aufkochen und evtl. mit Salz abschmekken. Den Frischkäse mit der feingehackten Selleriestange (mitsamt Blättern) und Knoblauch verrühren. Beim Servieren 1 Eßlöffel davon als Krönchen auf jede Portion setzen.

Avocado-Käse-Suppe

1 große Zwiebel
3 EL Öl
5 EL Tomatenpüree
1 l Gemüsebouillon
3 EL Hirseflocken
1 dl Sahne, evtl. Milch
100 g Schmelzkäse (30% Fett)
1 Avocado

Die Zwiebel hacken und in Öl anschwitzen. Tomatenpüree und Gemüsebouillon zusammen mit den Hirseflocken und der Sahne dazugeben, 5 Minuten kochen lassen. Von der Hitze nehmen, den Schmelzkäse in die Suppe rühren, gut durchwärmen, evtl. mit Salz und Pfeffer abschmecken. Die abgekühlte Suppe in 4 Suppenschalen servieren. Das Avocadofleisch in dünne Scheiben schneiden und auf die Suppe legen.

Mexikanische Avocadosuppe

1 Zwiebel, 3 EL Maisöl
3 EL Mehl, 1 l Gemüsebouillon
2 Avocados
2 dl Sahne oder Milch
Paprikapulver
½ rote Paprikaschote
½ grüne Paprikaschote

Die Zwiebel fein hacken und in Öl anschwitzen. Mit Mehl bestreuen und mit Bouillon aufgießen. Das Avocadofleisch auslösen und mit einer Gabel zerdrükken. Das Mus in die Suppe schlagen und 5 Minuten kochen. Die Sahne zufügen und evtl. mit Salz abschmecken. Beim Servieren mit Paprika und den feingeschnittenen Paprikaschoten bestreuen.

Spanische Avocadosuppe

½ l Joghurt
2 dl Milch oder Sahne
2½ dl Tomatensaft
2 Tomaten, 1 Knoblauchzehe
¼ Salatgurke
1–2 Avocados, 2 EL Zitronensaft
3 EL gehackter Schnittlauch

Joghurt mit Milch oder Sahne und Tomatensaft verrühren. Die Tomaten überbrühen, die Haut abziehen, das Fleisch in kleine Stücke schneiden und zusammen mit zerdrücktem Knoblauch zum Joghurt geben. Die Gurke klein würfeln und ebenfalls dazugeben. Das Avocadofleisch mit Zitronensaft zerdrücken und in die Suppe rühren. Evtl. mit Salz und Pfeffer abschmecken. Die Suppe einige Stunden im Kühlschrank kalt stellen. Beim Servieren mit feingehacktem Schnittlauch bestreuen.

Zucchinisuppe mit Crème fraîche

3–4 kleine Zucchini
1 Zwiebel
3 EL Öl
4 EL Mehl
9 dl Gemüsebouillon
1 dl Sahne oder Milch
¾ dl Crème fraîche oder saure Sahne
2 EL gehackte Salzmandeln
Dill

Die Zucchini in Scheiben schneiden, die Zwiebel hacken, beides in Öl anschwitzen. Das Mehl darüberstreuen und unter ständigem Umrühren die Bouillon aufgießen, 5 Minuten kochen lassen. Die Sahne hineingeben und nochmals kurz aufkochen. Evtl. mit Salz abschmecken. Crème fraîche mit den gehackten Salzmandeln verrühren. Die Suppe in Portionen servieren. Auf jeden Teller einige Löffel Crème fraîche geben. Mit geschnittenem Dill garnieren.

Paprikasuppe

1 grüne Paprikaschote
1 rote Paprikaschote
1 gelbe Paprikaschote
2 Stangensellerie
1 Knoblauchzehe, 2 EL Öl
1,2 l Gemüsebouillon
2 EL frischer, gehackter Oregano
2 EL gehackte Sonnenblumenkerne
1 Bund Petersilie

Die Paprikaschoten in kleine Stücke, die Selleriestangen in dünne Scheiben schneiden, die Sellerieblätter fein hakken. Das Gemüse mit zerdrücktem Knoblauch in Öl leicht anschwitzen. Die kochende Bouillon darüberschütten und mit Oregano 10 Minuten kochen. Die Suppe kann evtl. mit Eigelb gebunden werden. Mit Salz abschmecken. Beim Servieren mit Sonnenblumenkernen und gehackter Petersilie bestreuen.

Italienische Gemüsesuppe mit Pesto

100 g Lauch, 200 g Kartoffeln
100 g Möhren, 200 g Sellerie
150 g Mairübe, 1 Zwiebel
4 EL Öl
1 Bund frische Kräuter (bouquet garni)
1,2 l Gemüsebouillon

Pesto
2 Tomaten
2 EL frisches, gehacktes Basilikum
1 Knoblauchzehe
25 g Walnüsse, 2 EL Olivenöl

Den Lauch in feine Streifen, Kartoffeln, Möhren, Sellerie und Mairübe in dünne Stäbchen schneiden, die Zwiebel hakken. Die Gemüse einige Minuten in Öl anschwitzen. Das Kräuterbündel und die Bouillon dazugeben und ca. 20 Minuten kochen.
Für den Pesto die Tomaten überbrühen, die Haut abziehen, das Fleisch in kleine Stücke schneiden. Den Saft der Tomaten in die Suppe gießen. Das Tomatenfleisch, Basilikum, Knoblauch, die gehackten Walnüsse mit dem Öl im Mörser zerdrücken und dann zu einer glatten Paste rühren. Vor dem Servieren das Kräuterbündel aus der Suppe nehmen. Der Pesto wird separat dazu gereicht.

Chicoréesuppe

200 g Chicorée
2 Stangensellerie
1 Zwiebel, 30 g Butter
200 g Kartoffeln
1 EL frischer, gehackter Majoran
1 l Gemüsebouillon
2 dl Milch oder Sahne

Chicorée und Stangensellerie in feine Streifen schneiden. Die Sellerieblätter zum Garnieren aufheben. Die Zwiebel hacken, mit den Chicorée- und Selleriestreifen 5 Minuten in Butter leicht andünsten. Geriebene Kartoffeln und Majoran dazugeben. Mit der Bouillon aufgießen und 15 Minuten kochen. Milch oder Sahne hinzugießen und mit Salz und Pfeffer abschmecken. Beim Servieren mit gehackten Sellerieblättern bestreuen.

Mandelsuppe

100 g Lauch
1 Kartoffel
1 EL Butter
1 l Gemüsebouillon
80 g Mandeln
2 dl Milch oder Sahne
Brunnenkresse

Den Lauch in feine Streifen, die Kartoffeln in kleine Würfel schneiden. Beides 5 Minuten in Butter anschwitzen. Mit der Bouillon aufgießen und die Suppe mit den gehackten Mandeln 15 Minuten kochen. Anschließend im Mixer pürieren, in den Topf zurückschütten und die Milch oder Sahne hinzugeben, nochmals kurz aufkochen. Ist die Suppe zu dünn, mit Maismehl binden. Evtl. mit Salz abschmecken. Mit Brunnenkresse bestreut servieren.

Kalte Lauchcremesuppe

500 g Lauchstange
300 g Möhren
9 dl Gemüsebouillon
2½ dl Sahne oder Milch
½ Bund Schnittlauch

Den Lauch in feine Streifen, die Möhren in kleine Würfel schneiden. Die Bouillon zum Kochen bringen und die Gemüse hineingeben, gar kochen und anschließend pürieren. Die Sahne hineinrühren. Die Suppe abkühlen lassen, evtl. mit Salz abschmecken. Beim Servieren mit feingehacktem Schnittlauch bestreuen.

Warme Gurkensuppe

100 g Lauch
1 Knoblauchzehe, 2 EL Öl
200 g Kartoffeln
1 l Gemüsebouillon
1 Bund frische Kräuter (bouquet garni)
1 Salatgurke
2 dl Milch oder Sahne
1 EL geschnittener Dill
2 EL feingehackte Frühlingszwiebeln

Den feingeschnittenen Lauch zusammen mit zerdrücktem Knoblauch in Öl anschwitzen. Die Kartoffeln schälen, klein würfeln und zusammen mit der Bouillon und den Kräuterbündeln zum Lauch geben. Ca. 15 Minuten kochen, danach durch die Gemüsepresse drükken oder im Mixer pürieren (Kräuterbündel entfernen). In den Topf zurückschütten. Die Gurke in kleine Würfel schneiden und zusammen mit Milch oder Sahne dazugeben, weitere 5 Minuten kochen. Beim Servieren mit Dill und feingehackten Zwiebeln bestreuen.

Kalte Gurkensuppe

1 Salatgurke
2 TL zerriebene Minze
½ l Joghurt
frische Minzeblätter, 30 g Walnüsse

Die Gurke in dünne Scheiben schneiden. Die Gurkenscheiben mit der Minze im Mixer pürieren. Das Gurkenpüree mit dem Joghurt verrühren und evtl. mit Salz abschmecken. Die Suppe bis zum Servieren kalt stellen. In einzelnen Portionen mit frisch gehackter Minze servieren, mit gehackten Walnüssen bestreuen.

Sauerkrautsuppe

1 Zwiebel, 2 EL Öl
150 g Champignons
1 l Gemüsebouillon
200 g Sauerkraut
4 ganze Pfefferkörner
1 Lorbeerblatt
1 dl Sahne oder Milch
Brunnenkresse

Die Zwiebel hacken und in Öl anschwitzen. Die Champignons klein schneiden und dazugeben, einige Minuten dünsten lassen, bevor die Bouillon aufgegossen wird. Sauerkraut, Pfefferkörner und Lorbeer hineingeben und die Suppe 10 Minuten kochen lassen. Pfeffer und Lorbeer entfernen und die Sahne dazugießen. Die Suppe evtl. binden. Beim Servieren mit Brunnenkresse bestreuen.

Russische Borschtsch

1 Zwiebel
1 Möhre
1 Petersilienwurzel
300 g Rote Bete, evtl. michsäuregegoren
1,2 l Gemüsebouillon
1 Knoblauchzehe
1 TL zerriebener Thymian
2 EL Tomatenpüree
2 EL Kräuteressig
8 EL Crème fraîche oder saure Sahne

Die Zwiebel fein hacken, Möhre, Petersilienwurzel und Rote Bete in kleine Würfel schneiden. Die Bouillon zum Kochen bringen und die Gemüse dazugeben. Die Suppe mit zerdrücktem Knoblauch, Thymian und Tomatenpüree ca. 30 Minuten kochen, dann pürieren. Das Püree in den Topf zurückschütten und mit Essig (evtl. Salz) abschmecken. Beim Servieren etwas Crème fraîche mit dem Löffel auf die Suppe setzen.

Rosa Zwiebelsuppe

400 g Zwiebeln
3 EL Öl
1 l Gemüsebouillon
100 g Tomatenpüree
2 dl Sahne oder Milch
evtl. Salz und Rohzucker
2 Scheiben Weißbrot
2 EL Öl
1 Knoblauchzehe
1 Bund Petersilie

Die Zwiebeln fein hacken und in Öl leicht anschwitzen. Kochende Bouillon dazugießen und 10 Minuten kochen lassen. Das Tomatenpüree und die Sahne dazugeben, kurz durchkochen lassen und die Suppe nach Belieben mit Salz und Rohzucker abschmecken. Das Weißbrot in kleine Würfel schneiden und in Öl mit zerdrücktem Knoblauch goldbraun rösten. Kurz vor dem Servieren die Suppe mit den gerösteten Weißbrotwürfeln und gehackter Petersilie bestreuen. Sie können die gerösteten Brotwürfel aber auch separat dazu reichen.

Radieschensuppe

1 Zwiebel
2 EL Öl
2 EL Mehl
9 dl Gemüsebouillon
2 Bund Radieschen mit Blättern
½ EL frischer, gehackter Salbei
1 dl Milch oder Sahne
50 g Cheshire Käse
1 Bund Petersilie

Die Zwiebel hacken und in Öl leicht anschwitzen. Das Mehl darüberstreuen und nach und nach mit der Bouillon aufgießen. Die Radieschen in Scheiben schneiden, die schönsten Blätter fein hacken. Beides zusammen mit gehacktem Salbei in die Bouillon geben, bei schwacher Hitze ca. 5 Minuten kochen. Die Milch oder Sahne und den geriebenen Käse hineingeben, einmal aufkochen lassen. Evtl. mit Salz abschmecken. Beim Servieren mit gehackter Petersilie bestreuen.

Wurzelsuppe

1 Zwiebel
2 EL Öl
200 g Kartoffeln
2 Möhren
1 Petersilienwurzel
150 g Sellerieknolle
1 l Gemüsebouillon
2 EL Hirseflocken
1 Bund frische Kräuter
(bouquet garni)
1 dl Crème fraîche oder saure Sahne
1 Bund Petersilie

Die Zwiebel hacken und in Öl leicht anschwitzen. Die Gemüse in kleine Würfel schneiden und Bouillon, Hirseflocken und das Kräuterbündel dazugeben, in ca. 15 Minuten gar kochen. Das Kräuterbündel herausnehmen, dann die Suppe im Mixer pürieren. Crème fraîche hinzugeben, evtl. mit Salz und Pfeffer abschmecken. Die Suppe nochmals aufkochen lassen. Beim Servieren mit gehackter Petersilie bestreuen.

Selleriesuppe

400 g Sellerieknolle
1 Zwiebel
100 g Lauchstange
1 Knoblauchzehe
Öl
1 l Gemüsebouillon
2½ dl Sahne oder Milch
evtl. Mehl
1 Bund Petersilie
Paprikapulver

Den Sellerie schälen und in Scheiben schneiden, eine Scheibe davon in dünne Stäbchen, den Rest in kleine Würfel schneiden. Die Zwiebel hacken, den Lauch in feine Streifen schneiden. Zwiebel, Lauch und Sellerie mit zerdrücktem Knoblauch in Öl anschwitzen, 5 Minuten schmoren lassen, danach mit der Bouillon aufgießen. Die Suppe ca. 15 Minuten kochen lassen, dann die Gemüse herausnehmen (ausgenommen die Selleriestäbchen) und im Mixer pürieren. Das Püree in den Topf zurückschütten und die Sahne dazugeben. Ist die Suppe zu dünn, kann sie mit Mehl gebunden werden. Die Petersilie hacken und in die Suppe streuen. Evtl. mit Salz abschmekken. Die Suppe in eine Terrine gießen, die Selleriestäbchen obenauflegen und mit Paprika bestreuen.

Kartoffel-Sellerie-Suppe

1 Zwiebel, 2 EL Öl
300 g Kartoffeln
300 g Sellerieknolle
2 EL frischer, gehackter Liebstöckel
1,2 l Gemüsebouillon
evtl. Milch oder Sahne
1 größere Zwiebel, 2 EL Öl

Die Zwiebel hacken und in Öl anschwitzen. Kartoffeln und Sellerie würfeln und zusammen mit Liebstöckel und der Bouillon dazugeben. 10–15 Minuten kochen lassen. Das Gemüse herausnehmen, im Mixer pürieren und in den Topf zurückschütten. Die Suppe nochmals aufkochen. Ist die Suppe zu dick, kann sie mit Milch oder Sahne verdünnt werden. Mit Salz und Pfeffer abschmecken. Die größere Zwiebel in Ringe schneiden und in Öl anbraten. Beim Servieren mit den Zwiebelringen garnieren.

▷ Kartoffelsuppe kann auch mit vielen anderen als den hier erwähnten Gemüsesorten zubereitet werden. Es eignen sich z. B. Petersilienwurzel, Pastinake, Weißkohl oder Blumenkohl gut dazu. Man kann die Kartoffeln auch mit Kräutern kochen. Oder man setzt der Suppe ½–1 dl aufgeweichten Weizenschrot (grob) zu.

Grüne Kartoffelsuppe

300 g Kartoffeln
200 g Sellerieknolle
1 Möhre
1 Lauchstange
1 l Gemüsebouillon
2 EL gehackter Kerbel oder Spinat
2 dl Crème fraîche oder saure Sahne
2 EL frisches, gehacktes Bohnenkraut

Kartoffeln, Sellerie und Möhre würfeln. Den Lauch in feine Streifen schneiden. Das Gemüse in die kochende Bouillon legen und 15 Minuten kochen lassen. Den gehackten Kerbel oder Spinat mit Crème fraîche hinzugeben. Evtl. mit Salz und Pfeffer würzen. Mit gehacktem Bohnenkraut bestreut servieren.

Kartoffelsuppe mit Käse

1 große Zwiebel, 2 EL Öl
500 g Kartoffeln
1 l Gemüsebouillon
2 dl Milch oder Sahne
50 g Emmentaler
4 EL geschnittener Dill

Die Zwiebel hacken und in Öl leicht anbraten. Die Kartoffeln würfeln und mit der Bouillon dazugeben. 10–15 Minuten kochen, dann das Gemüse herausnehmen und pürieren. Das Gemüsepüree in den Topf zurückschütten und aufkochen. Milch oder Sahne mit dem geriebenen Käse hinzufügen. Evtl. mit Salz und Pfeffer abschmecken. Mit Dill bestreut servieren.

Kartoffel-Lauch-Suppe

1 Zwiebel
250 g Lauch
1 Knoblauchzehe
4 EL Öl
350 g Kartoffeln
1 l Gemüsebouillon
2 dl Milch oder Sahne
2 TL gemahlener Kümmel
1 Bund Petersilie
4 EL gehackte Kürbiskerne

Die Zwiebel hacken, den Lauch in Streifen schneiden. Beides mit zerdrücktem Knoblauch in Öl anschwitzen. Die Kartoffeln würfeln und mit der Bouillon dazuschütten. 10–15 Minuten kochen lassen, dann die Gemüse herausnehmen und im Mixer pürieren. Das Gemüsepüree in den Topf zurückschütten und die Milch oder Sahne dazugießen. Die Suppe evtl. mit Salz und Pfeffer abschmecken. In rustikalen Suppentassen anrichten und beim Servieren mit gemahlenem Kümmel, gehackter Petersilie und den Kürbiskernen bestreuen.

Kartoffelsuppe mit Champignons

1 Zwiebel
2 EL Öl
300 g Kartoffeln
1 l Gemüsebouillon
½ EL frischer, gehackter Estragon
200 g Champignons
1 dl Milch oder Sahne
4 EL gehackte Petersilie

Die Zwiebel hacken und in Öl anbraten. Die Kartoffeln würfeln, mit Bouillon und Estragon dazugeben, 10–15 Minuten kochen lassen. Dann das Gemüse herausnehmen und im Mixer pürieren. Das Gemüsepüree in den Topf zurückschütten. Die Champignons in Scheiben schneiden und mit der Milch oder Sahne dazugeben. Die Suppe nochmals 5 Minuten kochen und dann mit Salz und Pfeffer abschmecken. Mit gehackter Petersilie bestreut servieren.

Topinambursuppe

1 Zwiebel
1 Knoblauchzehe
2 EL Öl
350 g Topinambur
200 g Sellerieknolle
1 l Gemüsebouillon
2 TL zerriebener Thymian
2 dl Milch
50 g Ziegenkäse
1 EL frischer, gehackter Salbei

Die Zwiebel hacken und mit zerdrücktem Knoblauch in Öl anschwitzen. Topinambur in Scheiben schneiden und mit gewürfeltem Sellerie dazugeben. Die Bouillon mit Thymian dazuschütten und die Suppe ca. 15 Minuten kochen. Die Gemüse im Mixer pürieren oder durch die Gemüsepresse drücken. Das Püree in den Topf zurückschütten und mit der Milch aufgießen. Die Suppe kann mit Salz oder Pfeffer abgeschmeckt werden. Beim Servieren mit geriebenem Ziegenkäse und gehacktem Salbei bestreuen.

Irische Suppe

100 g gelbe Erbsen
50 g Weizenschrot
Gemüsebouillon
1 Zwiebel
2 Möhren
1 Mairübe
1 Stangensellerie
1 Bund Petersilie

Erbsen und Weizenschrot 8 Stunden einweichen. Im Einweichwasser zum Kochen bringen, dabei so viel Bouillon dazugeben, daß die Brühe insgesamt 1,2 l ergibt. 1 Stunde kochen. 20 Minuten vor Ende der Kochzeit das feingeschnittene Gemüse beigeben. Evtl. mit Salz und Pfeffer würzen. Mit gehackter Petersilie bestreuen.

Currysuppe

1 Zwiebel
2 Möhren
2 Äpfel
2 EL Öl, 1–2 TL Curry
50 g Vollreis
1 l Gemüsebouillon
2 dl Sahne oder Milch
2 EL Orangensaft

Die Zwiebel fein hacken, die Möhren und 1½ Äpfel raspeln. Öl erhitzen und Curry darin andünsten. Zwiebel, Möhren und Äpfel mit dem Reis im Öl wenden. Mit kochender Bouillon aufgießen. Die Suppe 35 Minuten kochen lassen, die Sahne hinzufügen, dann mit Salz und evtl. mehr Curry abschmecken. Wem die Suppe zu dünn ist, der kann sie mit Maismehl oder Kuzu (in Wasser verrührt) binden. Den restlichen halben Apfel reiben, in dem Orangensaft wenden und vor dem Servieren über die Suppe streuen.

Türkische Linsensuppe

1 Zwiebel, 1 Möhre
1 Stangensellerie
3 EL Öl
75 g Linsen
1 l Gemüsebouillon
2 dl Crème fraîche oder saure Sahne
Zitronensaft
Koriander

Die Zwiebel hacken und die Möhre raspeln, die Selleriestange in dünne Scheiben schneiden (die grünen Blätter für die Garnierung aufheben). Die Gemüse in Öl anschwitzen. Linsen und Bouillon dazuschütten und 30 Minuten kochen, dann im Mixer pürieren. Crème fraîche hinzugeben. Die Suppe mit Zitronensaft, Koriander und evtl. Salz und Pfeffer würzen. Beim Servieren die feingehackten Sellerieblätter darüberstreuen.

Erbsensuppe mit Currysahne

250 g Erbsen (roh)
1 l Gemüsebouillon
1 große Kartoffel
1 EL frischer, gehackter Liebstöckel
1½ dl Schlagsahne, ca. ½ TL Curry

Die Erbsen in die kochende Bouillon geben. Die Kartoffel schälen, in kleine Würfel schneiden und zusammen mit gehacktem Liebstöckel hinzufügen. 15 bis 20 Minuten kochen lassen, dann im Mixer pürieren und wieder in den Topf zurückschütten. ½ dl Sahne dazurühren, nochmals aufkochen und evtl. mit Salz abschmecken. Die restliche Sahne steif schlagen und mit Curry würzen. Vor dem Servieren kleine Sahnekrönchen auf die Suppe setzen.

Traditionelle gelbe Erbsensuppe

150 g gelbe Erbsen
Gemüsebouillon
1 Pastinake
250 g Topinambur
2 Möhren, 2 Kartoffeln
100 g feingeschnittenes Zwiebelgrün oder Lauchkraut
2 TL Thymian
1 TL zerriebener Majoran

Die Erbsen 8 Stunden einweichen, dann im Einweichwasser mit der Bouillon (insgesamt 1,2 l Flüssigkeit) zum Kochen bringen, 35 Minuten garen lassen. Die Gemüse in kleine Würfel schneiden und zusammen mit Zwiebelgrün oder Lauchkraut und den Kräutern in die Suppe geben. Die Suppe so lange kochen lassen, bis Erbsen und Gemüse gar sind (ca. 25 Minuten). Evtl. mit Salz und Pfeffer abschmecken. Sollte die Suppe zu dick geraten sein, verdünnen Sie sie einfach mit Wasser.

Grüne Frühlingssuppe

100 g gemischte Wildpflanzen, z. B. Brennesseln, Löwenzahnblätter, Sauerampfer, Gemeiner Giersch, Huflattich
2 EL gehackte Petersilie
1 Zwiebel
30 g Butter
1 l Gemüsebouillon
2 dl Crème fraîche oder saure Sahne
evtl. Kuzu
Brunnenkresse

Die grünen Blätter und die Zwiebel hakken. Beides in der Butter dämpfen und die kochende Bouillon daraufgießen, 10 Minuten kochen. Crème fraîche dazugeben und mit etwas Salz abschmecken. Ist die Suppe zu dünn, kann sie mit Kuzu (in Wasser verrührt) gebunden werden. Mit Brunnenkresse bestreuen.

Brennesselsuppe

100 g junge Brennesselschößlinge
1 Zwiebel
2 EL Öl
1 l Gemüsebouillon
1 EL frischer, gehackter Majoran
1½ dl Milch oder Sahne
1–2 EL Tomatenpüree

Die Brennesselschößlinge fein hacken und mit kleingeschnittener Zwiebel in Öl anschwitzen. Zu der Bouillon in den Topf schütten und den gehackten Majoran dazugeben, bei schwacher Hitze 8–10 Minuten kochen. Milch oder Sahne zufügen und mit dem Tomatenpüree und evtl. Salz abschmecken.

▷ Die Suppe kann mit in Knoblauch gerösteten Weißbrotwürfeln bestreut oder mit Sahnemeerrettich serviert werden.

Grüne Misosuppe

1 l Wasser
2–3 EL Miso (z. B. Buchweizen-Miso)
4 EL Kresse

Das Wasser zum Kochen bringen, dann den Topf von der Hitze wegnehmen. Miso mit etwas Kochwasser verrühren, in den Topf geben, aber nicht wieder aufkochen. In vier Suppenschälchen geben und auf jede Portion 1 Eßlöffel Kresse streuen.

▷ Misosuppe kann auch mit anderem Gemüse zubereitet werden. Das Gemüse wird in kleine Stücke geschnitten und in Öl angeschwitzt. Wasser dazugießen und Gemüse gar kochen. 3 Eßlöffel Miso auf 1 Liter Suppe geben. Miso darf nicht kochen, da sonst wertvolle Inhaltsstoffe vernichtet werden.

Vorspeisen

Vorspeisen sind im täglichen Essen, das meistens nur aus einem Hauptgericht besteht, nicht unbedingt üblich. Häufiger werden sie zu festlichen Anlässen serviert. Oder man stellt sich aus verschiedenen Vorspeisen eine ganze Mahlzeit zusammen. Viele Vorspeisen eignen sich auch gut als Imbiß bzw. Brotzeit.

Hüttengericht

250 g körniger Frischkäse
1 Knoblauchzehe
2 Avocados
4 Salatblätter
2 Tomaten
Schnittlauch

Den Frischkäse mit zerdrücktem Knoblauch und evtl. Salz abschmecken. Die Avocados schälen und in Scheiben schneiden. Die Scheiben in dem Frischkäse wenden und auf den Salatblättern anrichten. Mit Tomatenvierteln und gehacktem Schnittlauch garnieren.

Avocados mit Mandelcreme

2 Avocados
Zitronensaft
2 EL gehackte Petersilie

Mandelcreme
2 hartgekochte Eier
4 EL Olivenöl
2 EL Estragonessig
3 EL gehackte Mandeln
1 TL frischer, gehackter Majoran

Die Avocados halbieren und die Kerne herauslösen, die Schnittflächen mit Zitronensaft beträufeln, damit sie sich nicht braun färben.
Die Eier durchschneiden. Das Eigelb herauslösen und mit Öl und Essig zu einer cremigen Masse rühren. Das Eiweiß eines Eies fein hacken und zusammen mit Mandeln und Majoran unter die Eigelbcreme rühren. Evtl. mit Salz abschmecken. Die Creme in die Avocadohälften füllen und mit gehackter Petersilie bestreuen.

Avocados mit Oliven und Walnüssen

2 Avocados
Zitronensaft
50 g schwarze Oliven
3 EL gehackte Walnüsse
2 dünne Zitronenscheiben

Die Avocados halbieren, den Kern auslösen, die Schnittflächen mit Zitronensaft beträufeln, damit sie sich nicht braun färben. Die schwarzen Oliven klein schneiden und mit gehackten Walnüssen mischen. Diese Mischung in die Avocados füllen und eine halbe Zitronenscheibe darauflegen.

Ingwer-Avocado

2 Avocados
1 Grapefruit
1 Chicorée
4 EL Olivenöl
ca. ½ TL zerstoßener Ingwer
Honig oder Rohzucker
Brunnenkresse

Die Avocados schälen und in Würfel schneiden. Die Grapefruit halbieren und die Filets herauslösen, den Saft auffangen. Den Chicorée in feine Streifen schneiden. Ein Dressing aus Grapefruitsaft und Öl rühren, mit etwas Ingwer und Honig oder Zucker abschmecken. Früchte und Salat mit dem Dressing mischen und in vier Portionsschälchen anrichten. Mit Brunnenkresse bestreuen.

Kohlrabi mit Avocadocreme

2 grüne Kohlrabi
4 Salatblätter

Avocadocreme
1 Avocado, 5 EL Sahne
½ EL frischer, gehackter Majoran
2 EL gehackte Walnüsse

Die beiden Kohlrabi in kochendem Wasser in ca. 35 Minuten gar kochen, anschließend schälen und halbieren. Jeweils die Hälfte des Kohlrabifleisches herauslösen und grob raspeln.
Avocado durchschneiden, den Kern entfernen, das Fleisch herauslösen und mit einer Gabel zerdrücken. Das Mus mit der Sahne glattrühren und den geraspelten Kohlrabi, Majoran und Walnüsse dazugeben, evtl. mit Salz abschmecken. Die Masse in die ausgehöhlten Kohlrabihälften füllen. Auf einem Salatblatt servieren.
▷ Statt Kohlrabi Mairüben verwenden.

Artischockenböden mit Linsenpüree

Linsenpüree
50 g Linsen
1 Schalotte
1 Bund frische Kräuter (bouquet garni)
½ dl Crème fraîche oder saure Sahne

1 Dose Artischockenböden
4 Salatblätter
evtl. 8 Scheiben hartgekochtes Ei
Kresse

Die Linsen waschen und zusammen mit der Schalotte und dem Kräuterbündel 20 Minuten kochen. Das Wasser abgießen, Schalotte und Kräuter entfernen. Die Linsen mit Crème fraîche verrühren und im Mixer pürieren. Das Püree evtl. mit Salz und Pfeffer abschmecken.
Die Artischockenböden abtropfen lassen und auf den Salatblättern anrichten. Das abgekühlte Püree auf die Artischockenböden verteilen. Nach Belieben mit hartgekochten Eischeibchen garnieren. Vor dem Servieren mit Kresse bestreuen.
▷ Das Gericht kann heiß oder warm serviert werden. Möchten Sie es warm, so wärmen Sie die Artischockenböden in ihrer Konservierungsflüssigkeit auf.

Artischocken mit Mandelsauce

4 kleine Artischocken
(ca. 100 g je Stück ohne Stiele)
½ Zitrone
50 g schwarze Oliven

Mandelsauce
2 dl Dickmilch oder saure Sahne
1 TL zerriebener Thymian
50 g gehackte Mandeln
1 EL Weinessig

Die Artischocken wie im Rezept zuvor kochen.
Dickmilch mit Thymian, Mandeln und Weinessig verrühren. Evtl. mit Salz abschmecken. Die Sauce und die Oliven werden separat zu den warmen oder kalten Artischocken serviert.

Artischocken mit Knoblauchsauce

4 kleine Artischocken
(ca. 100 g je Stück ohne Stiele)
Zitronensaft

Knoblauchsauce
2 dl Dickmilch oder saure Sahne
1–2 Knoblauchzehen
1 Bund Petersilie

Nach Abschneiden der Stiele und Blattspitzen die Artischocken mit dem Zitronensaft 15–20 Minuten in Wasser kochen lassen. Sie sind gar, wenn sich eines der mittleren Blätter leicht herausziehen läßt.

Für die Sauce die Dickmilch oder saure Sahne mit zerdrücktem Knoblauch und gehackter Petersilie verrühren. Evtl. mit Salz abschmecken. Das Gericht kann kalt oder warm serviert werden, die Sauce wird separat dazu gereicht.

Artischockenböden mit Rahmspinat

Rahmspinat
200 g Spinat
½ Knoblauchzehe
1 Schalotte
1 dl Sahne
Muskatnuß

1 Dose Artischockenböden
4 Salatblätter

Den nassen Spinat gar dämpfen (ohne zusätzliches Wasser). Zerdrückten Knoblauch und die feingehackte Schalotte dazugeben. Die Sahne hinzufügen und den Spinat so lange dünsten, bis die Sahne etwas eingedickt ist. Mit geriebener Muskatnuß und evtl. Salz abschmecken.
Die Artischockenböden aufwärmen, abtropfen lassen und auf den Salatblättern anrichten. Den gedünsteten Spinat auf den Böden verteilen.

Spargel mit Käsesauce

400 g weißer oder grüner Spargel
4 große Salatblätter
Brunnenkresse

Käsesauce
100 g Sahneschmelzkäse
½ dl Sahne
Paprikapulver
Knoblauchpulver
2 EL gehackte Cashew- oder Erdnüsse

Den Spargel schälen (grüner wird nicht geschält), ca. 15 Minuten kochen (grüner kocht nur ca. 10 Minuten), abtropfen und abkühlen lassen.
Den Schmelzkäse mit der Sahne und 2 Eßlöffeln kochendem Wasser glattrühren. Mit Paprika und ein wenig Knoblauchpulver würzen. Die gehackten Nüsse hinzugeben.
Den Spargel auf den Salatblättern anrichten, die Käsesauce darübergießen und mit reichlich Brunnenkresse bestreuen.

Gurke, gefüllt mit Pfifferlingen

1 Salatgurke
Brunnenkresse

Füllung
1 Zwiebel
150 g Pfifferlinge oder andere Pilze
Öl
½ TL Thymian
2 EL gehackte Petersilie
1 Ei, 50 g Granola
½ dl Sahne
1½ dl Gemüsebouillon

Die Gurke der Länge nach vierteln die Kerne entfernen.
Die Zwiebel hacken, Pfifferlinge durchschneiden, dann beides in Öl andünsten. Zerriebenen Thymian und gehackte Petersilie dazugeben und einige Minuten schmoren lassen. Das Ei mit Granola und Sahne schlagen. Die etwas abgekühlte Pfifferlingsmischung hineinrühren und evtl. mit Salz und Pfeffer abschmekken. Die vier entkernten Gurkenstücke in eine feuerfeste Form setzen und füllen. Mit kochender Bouillon aufgießen. Im Ofen 25 Minuten bei 200 Grad schmoren lassen. Mit Brunnenkresse bestreuen.
▷ Statt Gurke können auch Zucchini verwendet werden. Nehmen Sie dabei kleinere Früchte, die man ebenfalls längs halbiert.

Gratinierter Chicorée

4 große Chicorée
40 g Butter
2 EL Mehl
ca. 4 dl Milch
geriebene Muskatnuß
50 g Cheddar Käse

Den Chicorée 5 Minuten in kochendem Wasser garen,dann gut abtropfen lassen und in eine eingefettete Auflaufform schichten. Die Butter zerlassen, das Mehl darüberstreuen und unter ständigem Rühren mit Milch aufgießen, aufkochen lassen und mit Muskatnuß und evtl. Salz abschmecken. Den geriebenen Cheddar Käse daruntermischen und die Sauce über den Chicorée gießen. Bei 225 Grad ca. 15 Minuten im Ofen gratinieren.

Gratinierter Lauch

600 g Lauch
Öl
2 TL zerriebener Thymian
80 g Emmentaler
4 EL Sesamsamen

Den Lauch knapp gar kochen, abtropfen lassen und in eine eingefettete Form legen. Thymian darüberstreuen. Den Käse in Scheiben schneiden und den Lauch damit bedecken. Sesamsamen darüberstreuen. Bei 200 Grad im Ofen in ca. 20 Minuten goldbraun backen.

Süß-saurer Lauch

600 g Lauch
4 große Salatblätter
6 EL Olivenöl
4 EL Kräuteressig
100 g eingelegte Gurken
Tamari, Honig
4 EL gehackte Rosinen
1 hartgekochtes Ei
2 EL gehackte Petersilie

Den Lauch in große Stücke schneiden, 8–10 Minuten knapp gar kochen und abkühlen lassen. Auf den Salatblättern anrichten. Öl und Essig verrühren. Die Gurke in kleine Würfel schneiden und dazugeben. Die Essigbrühe mit Tamari und Honig abschmecken und die Rosinen hinzufügen, über den Lauch verteilen und für einige Stunden in den Kühlschrank stellen. Beim Servieren mit gehacktem Ei und Petersilie garnieren.

Tomatencroûtons

4 Scheiben Vollkorn-Weißbrot
30 g Butter
4 Tomaten
½ EL frischer, gehackter Estragon
50 g Emmentaler

Die Weißbrotscheiben mit Butter in der Pfanne rösten. Die Tomaten in Scheiben schneiden und auf die gerösteten Brote legen. Mit Estragon und geriebenem Käse bestreuen und bei 200 Grad im Ofen gratinieren, bis der Käse goldbraun zerlaufen ist.

Tomaten mit Sahnemeerrettich

4 große Fleischtomaten
1 dl Schlagsahne
geriebener Meerrettich
100 g gekochter Naturreis
2 EL gehackte Petersilie
Zitronensaft
4 Salatblätter

Von den Tomaten einen Deckel abschneiden und die Früchte aushöhlen, umgedreht abtropfen lassen. Die Sahne steif schlagen und mit Meerrettich abschmecken. Den Reis, Petersilie und ein wenig Zitronensaft hineinrühren und die Tomaten damit füllen. Die Deckel wieder aufsetzen und jede Tomate auf einem Salatblatt anrichten.

▷ Die Tomaten können auch mit einer Avocadocreme gefüllt werden (Seite 116).

Champignontoast

250 g Champignons
2 EL Öl
1 EL Zitronensaft
4 Scheiben Toastbrot
Paprikapulver
1 große Tomate
80 g Emmentaler
Schnittlauch

Die Champignons in Scheiben schneiden und in Öl andünsten, Zitronensaft dazugießen und einige Minuten schmoren lassen. Die Pilze auf den Brotscheiben anrichten – vorher evtl. mit Butter bestreichen. Mit Paprika bestreuen, 2 Tomatenscheiben und 1 Käsescheibe auf jede Portion legen. Die Brote in den vorgewärmten Ofen stellen (200 Grad) und überbacken, bis der Käse goldbraun ist (ca. 20 Minuten). Mit gehacktem Schnittlauch bestreuen.

Champignons, in Butter gedünstet

1 Zwiebel
25 g Butter
300 g Champignons
1 EL Zitronensaft
4 Blätter Eisbergsalat
2 Zitronenscheiben
Brunnenkresse

Die Zwiebel fein hacken und in Butter glasig dünsten. Die Champignons in Scheiben schneiden und zusammen mit dem Zitronensaft hinzugeben. Die Pilze ca. 5 Minuten schmoren lassen, dann auf den Salatblättern anrichten. Mit Brunnenkresse und einer halben Zitronenscheibe garnieren.

Rosenkohlmousse

400 g geputzter Rosenkohl
4 dl Gemüsebouillon
2 dl Sahne (evtl. Milch)
2 TL Agar-Agar
1 EL frisches, gehacktes Bohnenkraut
4 Tomatenscheiben, Öl
4 Salatblätter
8 kurze, gekochte Spargel
1 dl Crème fraîche oder saure Sahne
2 EL feingehackter Schnittlauch

Die halbierten Rosenkohlköpfchen in kochende Bouillon geben und 5 Minuten bei schwacher Hitze garen lassen. Den Topf von der Hitze nehmen und die Sahne hinzugeben. Den Rosenkohl im Mixer pürieren und wieder in den Topf zurückschütten. Agar-Agar in etwas Wasser auflösen, zum Rosenkohlpüree geben und kurz aufkochen. Gehacktes Bohnenkraut zusetzen. Die Tomatenscheiben in vier mit Öl ausgepinselte Portionsschälchen geben. Die Mousse in die Schälchen füllen und einige Stunden in den Kühlschrank stellen, anschließend auf die Salatblätter stürzen. Jede Portion mit 2 Spargelstücken garnieren. Die Crème fraîche mit feingehacktem Schnittlauch verrühren und darübergießen.

▷ Die Mousse kann auch mit Blumenkohl, Brokkoli, Sellerie usw. zubereitet werden.

Rote-Bete-Ouvertüre

400 g Rote Bete
16 grüne Oliven
2 EL Kapern
5 EL Olivenöl
2 EL Kräuteressig
1 kleine Schalotte
4 Blätter Eisbergsalat
evtl. 2 hartgekochte Eier

Die Roten Beten gar kochen, die Haut abziehen, abkühlen lassen, in dünne Scheiben schneiden und mit Olivenscheibchen und Kapern mischen. Öl und Essig mit der feingehackten Schalotte verrühren und über die Roten Beten gießen. Für einige Stunden in den Kühlschrank stellen, dann auf den Salatblättern anrichten. Evtl. mit gehacktem Ei garnieren.

Russische Rote Beten

300 g Rote Bete
350 g neue Kartoffeln
4 große Salatblätter
6 EL Olivenöl
3 EL Kräuteressig
evtl. 1 hartgekochtes Ei
geschnittener Dill

Rote Beten und Kartoffeln separat gar kochen. Beides pellen, abkühlen lassen, in kleine Würfel schneiden und auf den Salatblättern anrichten. Eine Öl-Essig-Marinade darübergießen. Mit feingehacktem Ei und geschnittenem Dill garnieren.

Gefüllte Rote Beten

500 g Rote Bete
Maisöl

Füllung
100 g Schmelzkäse (30%)
4 EL Rosinen
4 EL gehackte Walnüsse
1 TL zerriebener Thymian
1 Zwiebel

Sauce
2½ dl Dickmilch
1 Bund Dill

Die Roten Beten müssen eine runde und etwas flache Form haben. In kochendem Wasser ca. 35 Minuten garen. Dann die Haut abziehen und etwa ein Drittel des Fleisches mit einem Löffel vorsichtig aushöhlen. Die Hälfte davon fein hacken, die andere Hälfte z. B. für einen Salat aufheben. Den Schmelzkäse cremig rühren. Die Rosinen mit kochendem Wasser überbrühen und 5 Minuten ziehen lassen, bevor sie mit dem Schmelzkäse, der gehackten Roten Bete, Walnüssen, Thymian und der fein geschnittenen Zwiebel verrührt werden.
Die ausgehöhlten Roten Beten in eine mit Öl ausgepinselte Auflaufform setzen, füllen und mit etwas Öl bepinseln. Im vorgewärmten Ofen bei 200 Grad etwa 15 Minuten schmoren lassen.
Für die Sauce Dickmilch mit feingeschnittenem Dill verrühren, evtl. mit Salz abschmecken.

▷ Die gefüllten Roten Beten können kalt oder warm serviert werden. Stangenbrot und Salat passen dazu.

Gefüllte Grapefruits

2 Grapefruits
1 feste Birne
80 g Emmentaler
3 EL feingehackte Paprikaschote
Ingwer
8 schwarze Oliven
2 EL frische, gehackte Zitronenmelisse

Die Grapefruits halbieren. Die Filets auslösen (Saft auffangen), die Häute herausschneiden, das Fruchtfleisch in kleinere Stücke schneiden. Birne und Käse in kleine Würfel schneiden und mit dem Grapefruitfleisch und Paprika mischen. Etwas Saft von den Grapefruits mit Ingwer abschmecken und über die Mischung gießen, in die Grapefruitschalen füllen und mit Oliven und gehackter Zitronenmelisse garnieren.

Würziger Bohnensalat

50 g Kidneybohnen
50 g Kichererbsen
2½ dl Wasser
1 Lorbeerblatt
1 Zwiebel
1 Stangensellerie
2 TL zerriebener Thymian
1–2 Knoblauchzehen
5 EL Olivenöl
4 Blätter Eisbergsalat
1 kleine grüne Paprikaschote

Die Zubereitung dieses leckeren Bohnensalates muß rechtzeitig begonnen werden. Zwei Tage vor dem Servieren des Salates die Bohnen und Kichererbsen in das Wasser einlegen, am nächsten Tag im Einweichwasser mit Lorbeerblatt 50 Minuten kochen. In den letzten 10 Minuten der Kochzeit feingehackte Zwiebel, Stangensellerie und Thymian dazugeben. Wenn die Bohnen gar gekocht sind, evtl. überflüssiges Wasser abgießen und Lorbeer entfernen. Zerdrückten Knoblauch und Olivenöl hineinrühren, bis zum nächsten Tag im Kühlschrank aufbewahren. Den Salat in Portionsschälchen servieren. Die Blätter des Eisbergsalats ganz nach unten legen, die Bohnen darauf und mit feingeschnittener Paprikaschote garnieren.

Griechischer Gemüsesalat

400–500 g Gemüse (z. B. Auberginen, Champignons, Blumenkohl, Spargel, Zucchini, Bohnen, Brokkoli)
1 dl Olivenöl
1½ dl Wasser
2 EL Kräuteressig
1–2 Knoblauchzehen
½ TL zerriebener Fenchel
1 TL zerriebener Thymian
1 TL zerriebenes Basilikum
1 Lorbeerblatt
4 ganze Pfefferkörner
1 Bund Petersilie

Zu diesem griechischen Gemüsesalat kann fast jedes Gemüse verwendet werden. Man braucht jedoch nur eine Sorte von den oben genannten Vorschlägen. Das ausgewählte Gemüse in Scheiben oder Würfel schneiden oder in kleine Röschen zerteilen. Öl, Wasser und Essig zum Kochen bringen. Zerdrückten Knoblauch, die zerriebenen Kräuter, Lorbeerblatt, Pfefferkörner und das geschnittene Gemüse hineingeben und 8 – 10 Minuten kochen lassen. Das Gemüse mit der Öl-Essig-Brühe in einer Schüssel bis zum nächsten Tag in den Kühlschrank stellen. Vor dem Servieren die Flüssigkeit abgießen, Lorbeerblatt und Pfefferkörner entfernen. Der Salat kann auf Salatblättern angerichtet werden. Mit Petersilie bestreuen.

Provenzalische Pfannkuchen

Pfannkuchen
70 g Weizenmehl Type 405
4 EL Sojamehl
ca. 2½ dl Milch
2 EL Olivenöl
evtl. 1 Ei
Butter

Füllung
1 Zwiebel
1 große grüne Paprikaschote
500 g Tomaten
1–2 TL zerriebenes Basilikum
Olivenöl
evtl. Butterflöckchen

Weizen- und Sojamehl zusammen mit der Milch und dem Öl schlagen, evtl. 1 Ei dazugeben. Den Teig ca. ½ Stunde ruhenlassen, dann 8–10 dünne, nicht zu große Pfannkuchen in wenig Butter backen.

Die Zwiebel fein hacken und in Öl anschwitzen. Die Paprikaschote in dünne Ringe schneiden und dazugeben. Die Tomaten überbrühen, die Haut abziehen, das Fleisch in kleine Stücke schneiden, zusammen mit Basilikum in die Paprika-Zwiebel-Mischung geben und schmoren lassen, bis die meiste Flüssigkeit verdampft ist, evtl. mit Salz abschmecken. Auf jeden Pfannkuchen einige Eßlöffel der Füllung verteilen, zusammenfalten und, übereinander geschichtet, in eine eingefettete feuerfeste Form legen. Nach Belieben Butterflöckchen auf die Pfannkuchen setzen und im vorgewärmten Ofen bei 200 Grad ca. 10 Minuten backen.

Russische Pfannkuchen mit Spinat

Pfannkuchen
2 dl Milch
10 g Hefe
50 g Weizenmehl Type 405
50 g Buchweizenmehl
1 Ei
2 EL Joghurt
2 EL Sesamsamen
Maisöl

Füllung
300 g Spinat
1 EL Mehl
1½ dl Crème fraîche oder saure Sahne
Muskatnuß

In der handwarmen Milch die Hefe auflösen. Die beiden Mehlsorten, Eigelb, Joghurt und Sesamsamen in die Milch schlagen, evtl. etwas Salz dazugeben. Den Teig an einem warmen Ort ½ Stunde gehen lassen. Das Eiweiß steif schlagen und unter den Teig heben. Bei kräftiger Hitze 8 kleine Pfannkuchen in Maisöl ausbacken.

Die feuchten Spinatblätter ohne zusätzliches Wasser gar dämpfen. Das Mehl darüberstreuen, Crème fraîche hinzufügen und aufkochen. Mit Salz und frisch geriebener Muskatnuß würzen. Auf jeden Pfannkuchen einige Löffel von dem Spinat füllen, zusammenklappen und warm oder kalt servieren.

▷ Man kann auch Champignons zur Füllung nehmen.

Gefüllte Pittabrote

Für 8 Personen

Teig
25 g Hefe
1 TL Honig
2½ dl lauwarmes Wasser
1 TL Salz
180 g Grahammehl
ca. 200 g Weizenmehl Type 405
1 EL Olivenöl

Füllung
200 g körniger Frischkäse
200 g Quark (Magerstufe)
1 EL Tahin
1 Knoblauchzehe
1 Schalotte
1 rote Paprikaschote
1 grüne Paprikaschote
¼ Salatgurke

Die Hefe zusammen mit dem Honig im lauwarmen Wasser auflösen. Salz und die beiden Mehlsorten hinzufügen und den Teig kräftig durchkneten. Olivenöl in eine Schüssel geben, den Teigklumpen hineinlegen und in dem Öl wenden. An einem warmen Ort 1¼ Stunden gehen lassen. Dann den Teig nochmals durchkneten, bis sämtliches Öl aufgesaugt ist. Auf der Tischplatte flachdrücken, die Ränder zur Mitte hin falten. Diesen Vorgang einige Male wiederholen, dann aus dem Teig 8 Bällchen formen. Die Teigbälle mit dem Nudelholz ½ cm dick (Durchmesser 10–12 cm) ausrollen, die Teigfladen im vorgewärmten Ofen bei 250 Grad ca. 10 Minuten backen. Der Ofen muß unbedingt schon vor dem Backen ganz heiß sein, sonst werden die Fladen nicht locker. Sobald die Fladen aus dem Ofen genommen sind, mit einem feuchten Tuch bedecken, damit sie nicht knusprig werden. Wenn die Brote abgekühlt sind, werden sie gefüllt:

Den Frischkäse mit Quark und Tahin verrühren. Zerdrückten Knoblauch, feingehackte Schalotte, kleingeschnittene Paprikaschote und Gurke ebenfalls hineinrühren.

▷ Natürlich können Sie für die Füllung auch eine andere Gemüsekombination verwenden, z. B. Tomaten und Stangensellerie.

▷ Pitta-Brote können auch mit griechischem Auberginensalat gefüllt werden (Seite 95).

Sonnenscheinbrot

4 Scheiben Roggenbrot
Butter
150 g Gorgonzola
4 große Zwiebelringe
4 Eigelb
4 EL gehackte Radieschen
Schnittlauch

Die Roggenbrotscheiben rösten und mit Butter und Gorgonzola bestreichen. Auf die Mitte eines jeden Brotes einen Zwiebelring legen. Die Eier vorsichtig aufschlagen und das Eigelb in die Zwiebelringe setzen. Die Brote mit gehackten Radieschen und Schnittlauch garnieren.

Spaghetti Napoli

Sauce
2 Zwiebeln
2 Knoblauchzehen
2 EL Öl
4 reife Tomaten
2 EL zerriebener Thymian
1 Lorbeerblatt
1 dl Tomatenpüree
1–2 dl Wasser

200 g Sojaspaghetti
evtl. geriebener Parmesan

Die Zwiebel hacken und zusammen mit zerdrücktem Knoblauch in Öl anschwitzen. Die Tomaten überbrühen, die Haut abziehen und das Fleisch in kleine Stükke schneiden. Zusammen mit Thymian und Lorbeer in die Pfanne geben. Tomatenpüree und Wasser dazurühren und die Sauce 8–10 Minuten schmoren lassen, evtl. mit Salz abschmecken.
Die Spaghetti in reichlich Wasser (mit 1 Eßlöffel Öl) ca. 12 Minuten kochen, gut abtropfen lassen. Auf Tellern anrichten, die Sauce darübergeben, nach Belieben mit Parmesan bestreuen.

Französische Käsetaschen

Teig
50 g Grahammehl
50 g Weizenmehl Type 405
40 g Butter
100 g Quark (Magerstufe)

Füllung
1 kleine Schalotte
80 g Emmentaler
4 EL Sahne
Muskatnuß

Die beiden Mehlsorten mit Butter und Quark rasch zusammenkneten, den Teig ½ Stunde kalt stellen. Die Schalotte fein hacken, den Käse reiben und beides mit der Sahne und ein wenig Muskatnuß zusammenrühren. Den Teig ausrollen und vier Quadrate von 10 cm Seitenlänge ausschneiden. ½ Eßlöffel von der Käse-Quark-Creme auf jedes Teigquadrat setzen, die Teigränder mit etwas Wasser bestreichen und die Ecken zur Mitte hin falten. Dabei die Teigränder zusammendrücken. Die Käsetaschen auf ein gefettetes Backblech heben und bei 200 Grad im Ofen ca. 15–20 Minuten goldbraun backen.

Wachsbohnen mit Oliven

400 g Wachsbohnen
1 Schalotte
6 EL Olivenöl
3 EL Kräuteressig
1 EL frisches, gehacktes Basilikum
4 Salatblätter
10 gefüllte Oliven

Die Bohnen 4 Minuten in kochendem Wasser blanchieren, abtropfen und abkühlen lassen. Die Schalotte fein hacken, zusammen mit Öl, Essig und Basilikum gut durchschütteln, über die Bohnen gießen und einige Stunden im Kühlschrank ziehen lassen. Zum Servieren die Bohnen auf Salatblättern anrichten und mit Olivenscheibchen garnieren.

Oliveneier

4 hartgekochte Eier
1 Chicorée
1 große Tomate
4 große Salatblätter
1½ dl Crème fraîche oder saure Sahne
Paprikapulver
16 gefüllte Oliven
Brunnenkresse

Die Eier in kleine Stückchen hacken, den Chicorée in feine Streifen, die Tomate in kleine Stücke schneiden. Die drei Zutaten auf den Salatblättern anrichten. Die Crème fraîche mit Paprika und evtl. Salz abschmecken, über die Eier geben. Mit Olivenscheibchen und Brunnenkresse garnieren.

Gemüse-gerichte

Das Hauptgericht kann aus Rohkost oder aus einem warmen Gemüsegericht mit Beilagen bestehen – oder es werden mehrere kleinere Speisen zu einer Hauptmahlzeit zusammengestellt. Zu den folgenden Hauptgerichten können frische Salate der Saison, Rohkost, Reis, Kartoffeln, Getreide, Nudeln oder Brot gereicht werden.

Gratinierter Artischockenauflauf

4 große Artischocken
Zitronensaft
1 Zwiebel, Öl
250 g Champignons
2 EL Zitronensaft
2 dl Sahne, evtl. Speisestärke
12 gefüllte Oliven
50 g geriebener Parmesan

Von den Artischocken die Stiele und die Blätterspitzen abschneiden, dann 35–40 Minuten in kochendem Wasser mit Zitronensaft (3 Eßlöffel pro Liter Wasser) garen. Wenn sich eines der mittleren Blätter leicht lösen läßt, sind die Artischocken gar. Die oberen Blätter entfernen. Das Stroh, das auf dem Artischockenboden sitzt, vorsichtig herausnehmen. Die Artischocken in eine Auflaufform setzen.
Die Zwiebel fein hacken und in wenig Öl anschwitzen. Die Champignons in kleine Stückchen schneiden und zusammen mit dem Zitronensaft dazugeben, einige Minuten schmoren lassen. Die Sahne aufgießen und etwas einkochen lassen – oder mit Speisestärke, in Wasser verrührt, binden. Die gefüllten Oliven in Scheibchen schneiden und in die Sauce geben. Evtl. mit Salz und Pfeffer abschmecken. Die Sauce über die Artischocken in der Auflaufform verteilen. Mit geriebenem Käse bestreuen und im vorgewärmten Ofen bei 200 Grad ca. 20 Minuten gratinieren.

Artischocken
Sie zählen im Grunde gar nicht zu den Gemüsesorten, denn sie sind die Blütenköpfe der distelartigen Artischokkenpflanze. Gegessen werden der Boden, das Herz und die untersten Blätter. Die Artischocke stammt aus Südeuropa, wo sie wegen ihrer reinigenden Wirkung seit Jahrhunderten in der Volksmedizin als Heilmittel verwendet wurde. Die Blüte enthält Proteine, Vitamin A, C und B-Vitamine sowie verschiedene Mineralstoffe und Inulin, das vor allem die Funktionen der Leber stärkt. Zusätzlich enthalten Artischocken den Wirkstoff Cynarin, der in der pharmazeutischen Industrie zur Herstellung von Arzneimitteln für Leber- und Gallenleiden genutzt wird. Artischocken sollten mit etwas Zitronensaft im Wasser kochen, um die schöne grüne oder leicht violette Farbe zu erhalten.

Artischocken mit Eierfüllung

4 große Artischocken
Zitronensaft

Eierfüllung
2 hartgekochte Eier
8 EL milchsäuregegorene Rote Bete oder 4 Scheiben eingemachte Rote Bete
2 EL Kapern
2 dl Crème fraîche oder saure Sahne

Die Artischocken kochen und aushöhlen, wie im vorherigen Rezept beschrieben. Die hartgekochten Eier quer halbieren und ein halbes Ei in jede Artischocke setzen. Rote Bete in kleine Würfel schneiden, die Kapern hacken, beide zusammen mit Crème fraîche verrühren und in die Artischocken füllen.

▷ Das Gericht kann heiß oder kalt serviert werden. Vollkornbrot paßt gut dazu.

Auberginen
Sie werden auch Eierpflanzen genannt. Die großen lilafarbenen Früchte stammen aus Indien, werden heute aber im ganzen Mittelmeerraum angebaut. Auberginen enthalten nicht sonderlich viele Nährstoffe, haben jedoch einen angenehmen Geschmack und lassen sich gut mit vielen anderen Gemüsesorten kombinieren. Sie enthalten Mineralstoffe und geringfügige Mengen Vitamin C.

Gratinierte Auberginen

1 kg Auberginen
Öl
500 g Tomaten
100 g Tomatenpüree
1 EL zerriebenes Basilikum
1 dl Sahne (evtl. Milch)
evtl. Sojamehl
evtl. Salz und Rohzucker
250 g geriebener Emmentaler

Die Auberginen in ca. 1 cm dicke Ringe schneiden und kurz in Öl anbraten. Wenn Sie möglichst wenig Öl verwenden möchten, legen Sie einen Deckel auf die Pfanne oder geben Sie etwas Wasser dazu. Die Tomaten überbrühen, die Haut abziehen und das Fleisch in kleine Stükke schneiden. Dann die Tomaten mit Basilikum, Sahne und Tomatenpüree zu einer Sauce kochen. Die Sauce kann nach Belieben mit Mehl gebunden und mit Salz und Zucker abgeschmeckt werden.
In eine Auflaufform zuerst eine Schicht Tomatensauce füllen, darüber die Auberginenscheiben und ein Drittel von dem geriebenen Käse, dann wieder Auberginen, Tomatensauce und der Rest des Käses. Im 200 Grad heißen Ofen ca. 30 Minuten goldbraun backen.

▷ Dazu paßt grüner Paprika, Gurke mit Knoblauch-Dressing und Stangenbrot.

Auberginen mit Reisfüllung

4 Auberginen

Reisfüllung
150 g Vollreis
1 TL Gelbwurz
3 dl Wasser
50 g grüne Oliven
50 g Walnüsse
1 Bund Petersilie

Auberginenpüree
1 große Zwiebel
½ dl Olivenöl
2 dl Wasser
1 Gemüsebouillonwürfel
100 g gehackte Sellerieblätter
ca. 2 dl Milch

Die Auberginen 5 Minuten in kochendem Wasser garen, dann längs durchschneiden und ca. drei Viertel des Fruchtfleisches herauslösen. Das ausgelöste Auberginenfleisch in kleine Würfel schneiden, evtl. Kerne entfernen.
Reis und Gelbwurz ca. 40 Minuten in dem Wasser kochen. Wenn der Reis abgekühlt ist, Olivenscheibchen, gehackte Walnüsse und Petersilie hineinrühren. Evtl. mit Salz abschmecken.
Die Zwiebel hacken und in Öl anschwitzen. Auberginenwürfel, Wasser, Bouillonwürfel und gehackte Sellerieblätter dazugeben. Das Gemüse 15 Minuten kochen, anschließend im Mixer pürieren. Das Püree in den Topf zurückschütten und mit so viel Milch aufgießen, daß man eine saucenähnliche Konsistenz erhält. Evtl. mit Salz und Pfeffer würzen.

Das Auberginenpüree in eine Auflaufform füllen. Die ausgehöhlten Auberginen in die Form setzen und mit der Reismischung füllen. Die Form in den vorgewärmten Ofen stellen und bei 200 Grad ca. 50 Minuten garen lassen.

▷ Servieren Sie dazu grünen Salat mit in feine Streifen geschnittenem Stangensellerie, Tomaten und Gurken.

Auberginen mit Zwiebel-Bohnen-Füllung

1 kg Auberginen
2 dl Gemüsebouillon

Zwiebel-Bohnen-Füllung
1 große Zwiebel
Öl
2 TL zerriebener Thymian
½ TL zerriebener Estragon
50 g gehackte Haselnüsse
400 g feine grüne Bohnen
80 g geriebener Käse

Die Auberginen halbieren und so viel Fruchtfleisch herauslösen, daß die Schale noch etwa ½ cm dick ist. Kerne entfernen und das Fruchtfleisch fein hacken.
Die Zwiebel fein schneiden und in Öl zusammen mit dem Auberginenfleisch und zerriebenen Kräutern anschwitzen. 5 Minuten schmoren lassen, dann die gehackten Nüsse dazugeben. Die Bohnen 5 Minuten in kochendem Wasser garen, gut abtropfen lassen und in die Auberginenhälften füllen.
Die Auberginen dicht aneinander in eine Auflaufform setzen. Das kurzgebratene Gemüse über die Bohnen verteilen und mit Käse bestreuen. Kochende Bouillon in die Form gießen und alles mit Folie abdecken. Im 200 Grad heißen Ofen ca. 50–60 Minuten schmoren lassen. Für eine schöne Bräunung in den letzten 20 Minuten die Folie entfernen.

▷ Dazu paßt gekochte Hirse, Reis oder Stangenbrot.

Auberginen-Bohnen-Eintopf

200 g braune Bohnen
200 g Zwiebeln
4 EL Öl
1 Knoblauchzehe
600 g Auberginen
2 TL zerriebener Thymian
2 dl Milch oder Sahne
Kuzu oder Speisestärke
1 Bund Petersilie

Die Bohnen waschen und über Nacht einweichen, im Einweichwasser ca. 60 Minuten gar kochen. Die Zwiebeln hacken und mit zerdrücktem Knoblauch in Öl anschwitzen. Die Auberginen in Würfel schneiden und mit dem Thymian dazugeben. Deckel auflegen und ca. 15 Minuten bei schwacher Hitze schmoren lassen. Die Bohnen nach Abgießen des Kochwassers zu den Auberginen geben, Milch oder Sahne hinzufügen. Mit etwas Kuzu oder Speisestärke binden. Beim Servieren mit gehackter Petersilie bestreuen.

▷ Dazu passen Kartoffeln (z. B. gebakken) oder auch Reis.

Gemüsesalat auf Kreolenart

Ca. 1 kg Gemüse (z. B. Champignons, Stangensellerie, grüne und rote Paprikaschoten, Blumenkohl, Erbsen, kleine Möhren, Salatgurke, Kohlrabi, Radieschen)
1½ dl Olivenöl
1 Schalotte
½ TL Cayennepfeffer
½ TL Pfeffer
½ TL Gelbwurz
2 TL zerstoßener Kümmel

Dieser Salat kann als Hauptgericht serviert werden oder – in kleineren Portionen – als Salat oder Beilage.
Die Zubereitung dieses Salates beginnt einen Tag vor dem Verzehr. Das Gemüse wird in Scheiben oder kleine Würfel geschnitten. Stangensellerie, Paprika, Blumenkohl, Erbsen, Möhren und Kohlrabi nach dem Schneiden einige Minuten in kochendem Wasser blanchieren. Champignons, Gurke und Radieschen werden roh mariniert.
Die Gemüse in eine große Schüssel schichten. Olivenöl mit Gewürzen und feingehackter Zwiebel erhitzen. Dieses Dressing über das Gemüse schütten, die Schüssel mit Deckel oder Folie verschließen und bis zum nächsten Tag in den Kühlschrank stellen. Das Gemüse einige Male wenden.

▷ Eine Crème fraîche-Sauce mit Kräutern oder Knoblauch paßt sehr gut dazu. Man kann Vollkorn-Stangenbrot, gebackene oder gratinierte Kartoffeln dazu servieren.

Grüner Gemüse-Pie

Für 5–6 Personen

50 g Mungobohnen
500 g Brokkoli
150 g Essiggurken
100 g Emmentaler
2 TL zerriebener Oregano
Öl

Teig
2½ dl Wasser
1 Gemüsebouillonwürfel
20 g Hefe
1 TL Honig
6 EL Olivenöl
100 g Buchweizenmehl
100 g Grahammehl
100 g Weizenkeime
ca. 125 g Weizenmehl Type 405

Die Mungobohnen waschen und einige Stunden einweichen. Im Einweichwasser ca. 30 Minuten gar kochen. Brokkoli in kleine Stücke schneiden und in wenig Wasser knapp gar dünsten. Die Gurke hacken und den Käse in Scheiben schneiden.
Für den Teig das Wasser erwärmen und den Bouillonwürfel darin auflösen. Wenn das Wasser nur noch lauwarm ist, die Hefe darin verrühren. Honig, Olivenöl, Buchweizenmehl, Grahammehl und Weizenkeime in das Wasser rühren. Das Weizenmehl nach und nach hineinkneten. Den Teig an einem warmen Ort 1 Stunde gehen lassen.
Den Teig in 2 Teilen ausrollen. Mit einem Teil eine gefettete Pie-Schüssel auslegen, die gekochten Mungobohnen darüber verteilen, gehackte Gurke und Brokkoli daraufgeben. Mit Oregano und evtl. Salz bestreuen. Mit Käsescheiben bedecken. Die andere Teighälfte über den Pie legen und die Ränder mit dem unteren Teig gut zusammendrücken. Ein Kreuz in die Mitte des Pie schneiden, damit der Dampf entweichen kann. Mit Öl oder geschlagenem Ei bestreichen. Bei 200 Grad im Ofen 30–40 Minuten backen.

▷ Dazu kann ein bunter Salat serviert werden.

Afrikanisches Gemüsegericht mit Couscous

80 g Kichererbsen
1 große Zwiebel
Öl
2 Knoblauchzehen
200 g Champignons
200 g Möhren
300 g Auberginen
250 g Zucchini
250 g Tomaten
200 g Okra
(evtl. grüne Bohnen)
2 EL Tamari (Sojasauce)
1 TL Chilipulver
1 TL Koriander
1 TL Paprikapulver
1 TL Kardamom
200 g Couscous

Die Kichererbsen waschen und über Nacht einweichen. Im Einweichwasser 30 Minuten kochen. Das Gemüse muß in einem verhältnismäßig großen und hohen Topf zubereitet werden, damit über dem Gemüse noch Platz genug bleibt für ein Sieb, in dem der Couscous gedämpft wird.
Die Zwiebel in bootförmige Achtel schneiden und in Öl zusammen mit zerdrücktem Knoblauch anschwitzen. Ganze Champignons hinzufügen. Die Möhren auf der Rohkostreibe in Scheiben hobeln, Auberginen und Zucchini in Scheiben schneiden. Die Tomaten überbrühen, die Haut abziehen und das Fleisch in kleine Stücke schneiden. Die Okra nicht schneiden, sondern ganz verwenden (Bohnen evtl. halbieren). Das ganze Gemüse und die halbgar gekochten Kichererbsen mit 2 dl Wasser in den Topf geben. Mit Tamari und Gewürzen vermischen.

Okra
Sie werden auch »Lady-Finger« genannt und kommen aus Afrika. Es ist ein interessantes Gemüse, das man bereits verbreitet frisch kaufen kann, das in jedem Fall jedoch in Dosen angeboten wird. Okra verwendet man zusammen mit anderen Gemüsen für Suppen oder in Saucen, oder man brät sie in Öl. Sie werden nicht roh verzehrt.

Ein angefeuchtetes Pergamentpapier oder Leinentuch in ein Küchensieb legen. Couscous hineinschütten und kochendes Wasser darübergießen, abtropfen lassen und in dem Sieb über das Gemüse setzen. Ein Leinentuch zwischen Sieb und Topfdeckel legen, damit

der Dampf nicht entweichen kann. Den Couscous gar dämpfen, während gleichzeitig darunter das Gemüse bei schwacher Hitze 40 Minuten schmort. Darauf achten, daß genügend Flüssigkeit im Topf ist. Evtl. Wasser, Tomatensaft oder -püree nachgießen.
Das Gemüse nach Belieben mit Salz abschmecken. Zum Servieren das Gericht auf eine runde Platte legen und den Couscous rundherum verteilen.

Gemüse-Weizen-Topf

300 g ganzer Weizen
6 dl Wasser
1 Zwiebel
Öl
500 g Rote Bete
300 g Möhren
100 g Petersilienwurzel
250 g Champignons
Thymian
1 Bund Petersilie
4 EL Sesamsamen

Weizen waschen und mit kochendem Wasser übergießen, darin über Nacht einweichen. Die Zwiebel hacken und in Öl anschwitzen. Rote Bete, Möhren und Petersilienwurzel in kleine Würfel schneiden und dazugeben.
Die Weizenkörner mit dem Einweichwasser über das Gemüse schütten, Deckel auflegen und alles bei schwacher Hitze 50 Minuten schmoren lassen. In den letzten 5–10 Minuten Champignonscheibchen und zerriebenen Thymian dazugeben. Evtl. etwas Wasser nachgießen. Der Eintopf kann mit Salz und Pfeffer abgeschmeckt werden. Beim Anrichten mit gehackter Petersilie und gerösteten Sesamsamen bestreuen.

Überbackenes Hüttengericht

1 große Zwiebel
400 g Lauchstangen
150 g Möhren
3 EL Öl
400 g körniger Frischkäse
1 Bund Petersilie
100 g zerstoßenes Granola
ca. 2 dl Milch
2 Eier
1 EL frischer, gehackter Majoran

Die Zwiebel hacken, den Lauch in Streifen schneiden und die Möhren raspeln, alles in Öl 5 Minuten anschwitzen. Das etwas abgekühlte Gemüse mit dem Frischkäse verrühren. Gehackte Petersilie, Granola, Milch, Eier und Majoran dazugeben. Alles vermischen und evtl. mit Salz abschmecken. Die Masse in eine eingefettete und mit Granola ausgestreute Auflaufform füllen. Im Ofen bei 200 Grad ca. 35 Minuten goldbraun backen.

▷ Es kann ein Salat oder ein Sellerie-Walnuß-Kuchen (Seite 112) dazu serviert werden.

Pikante Käsetorte

Teig
50 g Buchweizenmehl
1 EL Sojamehl
75 g Butter
1 kleines Ei (kann weggelassen werden)
2–3 EL kaltes Wasser
ca. 150 g Vollweizenmehl

Belag
150 g Danablu oder anderen Blauschimmelkäse
200 g Magerquark
1 EL Speisestärke
2 dl Crème fraîche oder saure Sahne
50 g Walnüsse
Brunnenkresse

Buchweizen- und Sojamehl mit Butter, Ei und kaltem Wasser zusammenrühren. So viel Vollweizenmehl hineinkneten, wie der Teig aufnehmen kann. Den Teig ½ Stunde kühl stellen, danach ausrollen und eine eingefettete Kuchenform damit auslegen. Den Kuchenboden bei 200 Grad ca. 10 Minuten vorbacken.
Den Käse mit Quark, Speisestärke und Crème fraîche verrühren. Die Walnüsse hacken und hinzugeben. Die Käsemasse auf dem vorgebackenen Kuchenboden verteilen. Den Kuchen wieder in den Ofen stellen und backen, bis die Oberfläche goldbraun ist (ca. 25 Minuten). Beim Servieren reichlich mit gehackter Brunnenkresse bestreuen.

▷ Dazu können Sie z. B. eine halbe Portion Stangensellerie à l'Espagnol (Seite 77) reichen.

Cannelloni
Dieses beliebte italienische Gericht besteht aus Nudelteigröllchen mit Gemüse- oder anderen Füllungen. Cannelloni werden mit einer Tomaten- oder Béchamelsauce im Ofen überbacken und meistens mit Käse bestreut. Werden die Cannelloni vor dem Backen abgekocht (Packungsaufschrift beachten!), müssen sie beim Gratinieren im Ofen ganz von der Sauce bedeckt sein, damit sie die richtige Konsistenz behalten.

Venezianische Cannelloni

16–20 Cannelloni
(Packung von 250 g)
200 g Mozzarella

Gemüsefüllung
1 Fenchel
2 Zwiebeln
2 Knoblauchzehen
Öl
250 g Champignons
1 Zucchini
2 Stangensellerie
1–2 TL zerriebener Oregano

Tomatensauce
600 g Tomaten
1 dl Milch oder Wasser
2 TL zerriebenes Basilikum

Schauen Sie auf der Packung nach, ob die Cannelloni vor dem Füllen gekocht werden müssen.

Fenchel in 4 Teile schneiden und 8–10 Minuten in kochendem Wasser garen. Das Wasser abgießen und evtl. für die Tomatensauce aufheben. Die Zwiebeln fein hacken und mit zerdrücktem Knoblauch in Öl anschwitzen. Champignons und Zucchini in kleine Würfel schneiden und dazugeben. Stangensellerie in ganz dünne Scheiben schneiden und die Blätter fein hacken. Beides unter das Gemüse mischen, dann 6–8 Minuten zugedeckt schmoren lassen und mit Oregano bestreuen. Den gekochten Fenchel hacken und hinzufügen.
Für die Tomatensauce die Tomaten überbrühen, die Haut abziehen, das Fleisch in kleine Stücke schneiden und in etwas Fenchelwasser oder Milch 5 Minuten kochen. Zerriebenes Basilikum hinzugeben und die Sauce evtl. mit Mehl andicken. Es kann auch mit Salz und Rohzucker abgeschmeckt werden.
Drei Viertel der Tomatensauce in eine Auflaufform gießen. Die Cannelloni mit der Gemüsemischung füllen und dicht aneinander in die Sauce setzen. Den Rest der Tomatensauce über die Cannelloni verteilen. Den Käse in Scheiben schneiden und darüberlegen. Den Auflauf im Ofen bei 200 Grad ca. 30 Minuten goldbraun backen lassen.

▷ Eine große Schüssel grüner Salat mit Knoblauch-Dressing paßt hervorragend dazu.

Spinat-Käse-Cannelloni

16–20 Cannelloni

Spinat-Käse-Füllung
250 g Spinat
1 Knoblauchzehe
300 g körniger Frischkäse
200 g Emmentaler
Muskatnuß

Tomatensauce
1 Zwiebel
Öl
500 g Tomaten
100 g Tomatenpüree
evtl. Salz und Rohzucker

Béchamelsauce
30 g Butter
2 EL Mehl
ca. 2½ dl Milch
Muskatnuß

Die Käse-Cannelloni werden in zwei verschiedenen Saucen geschmort: Tomatensauce unten und Béchamelsauce oben. Das Gericht ist so begehrt, daß Sie die Portionen sicherheitshalber nicht zu klein berechnen sollten.
Sehen Sie zuerst auf der Packung nach, ob die Cannelloni gekocht werden müssen. Die vom Waschen nassen Spinatblätter ohne zusätzliches Wasser gar dämpfen. Gefrorenen Spinat nur einfach auftauen. Zerdrückten Knoblauch hinzugeben. Wenn der Spinat etwas abgekühlt ist, Frischkäse hineinrühren. Den Emmentaler raspeln und die Hälfte davon dazugeben. Mit geriebener Muskatnuß und evtl. Salz abschmecken.

Für die Tomatensauce die Zwiebel hakken und in Öl anschwitzen. Die Tomaten überbrühen, die Haut abziehen, das Fleisch in kleine Stücke schneiden und mit Tomatenpüree zu den Zwiebeln geben. Bei schwacher Hitze einige Minuten schmoren lassen. Evtl. mit Salz und Rohzucker abschmecken.
Für die Béchamelsauce die Butter zerlassen, Mehl darüberstreuen und mit Milch unter ständigem Rühren aufgießen, aufkochen lassen und mit Muskatnuß und Salz abschmecken.
Die Tomatensauce in eine Auflaufform gießen. Die Cannelloni mit der Spinat-Käse-Füllung ausfüllen und dicht aneinander in die Form legen. Die Béchamelsauce über die Cannelloni gießen und den Rest Emmentaler darüberstreuen. Im Ofen bei 200 Grad ca. 30 Minuten backen, bis der Käse goldbraun ist.
▷ Salat paßt immer gut dazu.

Gratinierter Fenchel

4 Fenchel
30 g Butter
4 EL Mehl
5–6 dl Milch und Fenchelwasser
200 g Emmentaler
Muskatnuß

Die 4 Fenchel durchschneiden. Stiele und Grünzeug entfernen, das grüne Kraut aber aufheben. Die Fenchelhälften ca. 10 Minuten in kochendem Wasser garen, gut abtropfen lassen und mit der Rundung nach oben in eine eingefettete Auflaufform setzen.
Die Butter schmelzen, Mehl darüberstreuen und unter ständigem Rühren mit Fenchelwasser und Milch aufgießen, aufkochen lassen. Den Käse raspeln und drei Viertel davon in die Sauce geben. Mit geriebener Muskatnuß und evtl. Salz abschmecken. Das Fenchelkraut hacken und ebenfalls in die Sauce geben. Die Sauce über das Gemüse gießen. Den Rest des Käses darüberstreuen. Bei 200 Grad etwa 25 Minuten im Ofen gratinieren.
▷ Grüner Salat und gebackene Sesam-Kartoffeln sind eine passende Beilage.

Fenchel mit Champignonsauce

4 Fenchel

Champignonsauce
250 g Champignons
1 grüne Paprikaschote
Öl
1½ dl Milch
1⅓ dl Fenchelwasser
Weizenmehl

Die 4 Fenchel durchschneiden. Stiele und Grünzeug entfernen, das grüne Kraut aber aufheben. Die Fenchelhälften ca. 15 Minuten in kochendem Wasser garen.
Champignons in Scheiben, die Paprikaschote in kleine Würfel schneiden. Beides einige Minuten in Öl anschwitzen. Mit der Milch und dem Fenchelwasser aufgießen und mit Mehl andicken. Das Fenchelkraut hacken und zur Sauce geben, aufkochen lassen und evtl. mit Salz abschmecken. Beim Servieren die Sauce über den Fenchel gießen.
▷ Man reicht zu diesem Gericht am besten Stangenbrot oder gekochte Kartoffeln und Salat.

Fettucine mit Rosenkohlsauce

Rosenkohlsauce
200 g Eßkastanien (Maroni)
600 g Rosenkohl
25 g Butter, 4 EL Mehl
ca. 4 dl Rosenkohlwasser
2 TL zerriebener Thymian
Muskatnuß, 1 Bund Petersilie

300 g Fettucine, 25 g Butter

Am spitzen Ende der Kastanien ein Kreuz einschneiden, dann 15 Minuten in kochendem Wasser garen. Die äußere Schale und die Haut entfernen. Den Rosenkohl knapp gar kochen. Die Butter zerlassen, Mehl hinzugeben und unter Aufgießen mit Rosenkohlwasser eine Sauce rühren. Zerriebenen Thymian hineinstreuen und mit Muskatnuß und evtl. Salz abschmecken, aufkochen lassen. Kastanien und Rosenkohl durchschneiden und mit gehackter Petersilie in die Sauce geben.
Fettucine 12 Minuten in kochendem Wasser garen. Das Wasser abgießen und dann die Bandnudeln in eine Schüssel geben, Butter hinzugeben und wenden, bis die Butter zerschmolzen ist. Die Sauce sehr heiß darübergießen.

Grüner Kartoffelgratin

1 kg Kartoffeln
1 große Zwiebel
4 EL Öl
4 EL Mehl
ca. 6 dl Milch oder Gemüsebouillon
150 g gehackter Grünkohl oder Spinat
geriebene Muskatnuß
3 Eier

Die Kartoffeln knapp gar kochen, pellen und in Scheiben schneiden. Die Zwiebel hacken und in Öl goldbraun anbraten. Mit Mehl bestreuen und langsam mit der Milch oder Bouillon aufgießen. Den gehackten Grünkohl oder Spinat zusetzen und 5 Minuten durchkochen. Mit geriebener Muskatnuß und evtl. Salz abschmekken. Topf von der Hitze nehmen und die Eigelb hineinrühren. Die Kartoffelscheiben in die Sauce geben. Die Eiweiß steif schlagen und vorsichtig darunterheben. Die Masse in eine gefettete Auflaufform füllen. Die Form muß groß genug sein, damit der Gratin aufgehen kann. Bei 190 Grad in ca. 45 Minuten goldbraun backen.

Mandel-Kartoffeln

1200 g Kartoffeln
400 g Möhren
80 g Butter
100 g Mandeln

Kartoffeln und Möhren in sehr feine Scheiben hobeln, die Kartoffelscheiben in Stäbchen schneiden. Die Stäbchen in 50 g Butter ca. 5 Minuten wenden. Die Möhrenscheiben in der restlichen Butter ebenfalls ca. 5 Minuten anschwitzen. Die Hälfte der Kartoffelstäbchen in eine eingefettete Auflaufform füllen. Die Mandeln durch eine Mühle drehen und über die Kartoffeln streuen. Die Möhrenscheiben darübergeben und obenauf die restlichen Kartoffelstäbchen verteilen. Das Gemüse zusammendrücken und bei 200 Grad ca. 45–50 Minuten im Ofen backen.

▷ Zu den Mandel-Kartoffeln können körnig gekochter Buchweizen, Weizenfrikadellen, einige Salate oder gebackenes Gemüse serviert werden.

Kartoffel-Pastinaken-Auflauf

1 kg Kartoffeln
400 g Pastinaken
200 g Zwiebeln
Öl
1 EL frischer, gehackter Salbei oder
1 TL getrockneter
1 Bund Petersilie
100 g Sonnenblumenkerne
6 dl Milch

Kartoffeln und Pastinaken ganz sauber schrubben (sie werden nicht geschält). Das Gemüse auf der Rohkostreibe in feine Scheiben hobeln. Die Zwiebeln in Ringe schneiden und in Öl goldbraun rösten. Die Hälfte der Kartoffelscheiben in eine Auflaufform geben. Die Pastinakenscheiben und die gebräunten Zwiebeln darauflegen. Mit gehacktem Salbei und Petersilie bestreuen, darüber die Sonnenblumenkerne. Die restlichen Kartoffelscheiben obenauf verteilen. Zwischen den Schichten kann mit Salz gewürzt werden. Das Gemüse zusammendrücken und die Milch darübergießen. Bei 200 Grad im Ofen in ca. 50 Minuten garen.

▷ Einen oder zwei Salate dazu servieren.

Sellerie-Kartoffeln

600 g Sellerieknolle
800 g Kartoffeln
Öl
1 dl gehackte Sellerieblätter
8 dl Milch oder Selleriewasser
1 dl Sesamsamen

Den Sellerie in Scheiben schneiden und schälen. Diese Scheiben 4 Minuten in kochendem Wasser garen. Die Kartoffeln ebenfalls in sehr dünne Scheiben, die Selleriescheiben in Stäbchen schneiden und in eine eingefettete Auflaufform füllen. Die gehackten Sellerieblätter darüberstreuen, die Kartoffelscheiben darauflegen. Milch oder Selleriewasser (oder eine Mischung) über das Gemüse gießen. Mit Sesam bestreuen und im Ofen 45–50 Minuten bei 200 Grad garen.

▷ Dazu passen Vollkornbrot und Salat.

Eßkastanien (Maroni)
In Süddeutschland und in ganz Südeuropa sind sie sehr beliebt. Eßkastanien finden Verwendung in vielen Gerichten der Mittelmeerländer. Sie werden dort den Winter hindurch an jeder zweiten Straßenecke von den Händlern verkauft. Eßkastanien erhält man meist ab September. Sie sind eine willkommene Abwechslung in der Reformkost, da sie nicht nur gut schmekken, sondern im Verhältnis zum Kaloriengehalt (190 kcal pro 100 g) auch einen hohen Nährwert besitzen. Sie enthalten Proteine, B-Vitamine und Vitamin C und eine Reihe von Mineralstoffen und Spurenelementen.

Kastanien-Herbsteintopf

500 g Eßkastanien (Maroni)
500 g Möhren
2 EL Honig
1½ dl Wasser
500 g feste Birnen
½–1 TL Ingwer
200 g Vollreis
4 dl Joghurt oder Dickmilch
Mango Chutney

Am spitzen Ende der Kastanien ein Kreuz einritzen, dann 15 Minuten in kochendem Wasser garen. Die Schale entfernen und die braune Haut abziehen. Die Möhren in feine Stäbchen schneiden. Den Honig schmelzen und die Möhren einige Minuten darin schmoren lassen, das Wasser zusetzen und bei schwacher Hitze 10 Minuten kochen. Die Birnen in Viertel schneiden und zusammen mit geriebenem Ingwer zu den Möhren geben, evtl. etwas Wasser nachgießen. Möhren und Birnen etwa 10 Minuten schmoren – oder bis sie gar sind. In den letzten 5 Minuten der Kochzeit die Kastanien hinzufügen.
Den Reis ca. 40 Minuten kochen. Joghurt oder Dickmilch mit Mango Chutney abschmecken. Reis und Sauce separat zum Eintopf servieren.

Gratinierte Kastanien

750 g Eßkastanien (Maroni)
750 g Rosenkohl
30 g Butter
4 EL Mehl
ca. 5 dl Rosenkohlwasser
4 EL gehackte Nüsse
150 g Emmentaler oder Cheddar Käse

Die Kastanien kochen und schälen, wie im Rezept zuvor beschrieben. Den Rosenkohl 10 Minuten in kochendem Wasser garen, abtropfen lassen und zusammen mit den Kastanien in eine eingefettete Auflaufform geben.
Aus Butter, Mehl und Rosenkohlwasser eine Schwitze bereiten, evtl. mit Salz und Pfeffer abschmecken. Die gehackten Nüsse hineingeben. Die Sauce über das Gemüse schütten. Den Käse reiben und darüberstreuen. Bei 200 Grad im vorgewärmten Ofen gratinieren, bis der Käse goldbraun ist.
▷ Ein roter Kohlsalat paßt gut dazu.

Pastinaken mit grüner Walnußfüllung

1 kg Pastinaken

<u>Füllung</u>
2 dl Bulgur
2 EL Öl
4 dl Wasser
1 dl Milch
4 El gehackter Kerbel
1 Bund Petersilie
50 g Walnüsse

Die Pastinaken ganz sauber schrubben und je nach Größe 20–30 Minuten in kochendem Wasser garen.
Bulgur in Öl rösten, mit Wasser aufgießen, dann 15 Minuten kochen (das ganze Wasser muß verkochen). Die Milch hineinrühren, 15 Minuten ziehen lassen, danach gehackten Kerbel (oder Spinat), gehackte Petersilie und Walnüsse dazumischen. Evtl. mit Salz abschmecken.
Die Pastinaken in längliche Scheiben schneiden. Die Hälfte der Scheiben in eine eingefettete, feuerfeste Form legen. Die Walnußfüllung auf die Scheiben verteilen, die restlichen Pastinakenscheiben darüberlegen. Bei 200 Grad 10–15 Minuten in den Ofen schieben.
▷ Dazu einen Bohnensalat oder Kartoffeln servieren.

Lasagne
Bei diesem italienischen Gericht werden breite Nudelstreifen (Lasagne-Nudeln) mit einer Gemüse- oder Fleischsauce geschichtet und mit Käse überbacken. Die im folgenden beschriebene Grünkohl-Lasagne ist eine vegetarische Variante der Lasagne, während die später beschriebene Grüne Lasagne mehr an die traditionelle Lasagne erinnert.

Grünkohl-Lasagne

200 g ganzer Weizen
400 g Grünkohl
1 große Zwiebel, Öl
250 g Champignons
1 TL zerriebener Fenchel
1 TL zerriebener Oregano
½ dl Sesamsamen
250 g körniger Frischkäse
100 g Cheddar Käse

Den Weizen waschen und über Nacht einweichen. Im Einweichwasser ca. 50 Minuten kochen. Ganze Grünkohlblätter 4–5 Minuten in kochendes Wasser legen. Die dicken Stengel müssen ganz gar sein. Die Zwiebel hacken und in Öl anschwitzen. Champignons in Scheiben schneiden und zur Zwiebel geben, 5 Minuten schmoren lassen.
Überflüssiges Wasser von den Weizenkörnern abgießen und für eine Suppe oder Sauce aufheben. Die abgetropften Weizenkörner mit den zerriebenen Kräutern, Sesam und dem Frischkäse vermischen, evtl. mit Salz abschmecken.
In eine eingefettete Auflaufform zuerst eine Schicht Grünkohlblätter füllen, dann eine Schicht Weizen-Frischkäse und zuletzt die Zwiebel-Champignons. In dieser Reihenfolge weiter schichten, bis alle Zutaten aufgebraucht sind. Die oberste Schicht muß aus Weizen-Frischkäse bestehen. Den Cheddar in Scheiben schneiden und über die Lasagne verteilen. Bei 200 Grad ca. 30 Minuten bakken, bis der Käse goldbraun ist.

Grüne Lasagne

Gemüsefüllung
400 g Brokkoli
1 Zwiebel
Öl
250 g Champignons
2 Knoblauchzehen
1½ TL zerriebener Rosmarin
1½ TL zerriebener Majoran
250 g Erbsen

Sauce
30 g Butter
4 EL Mehl
ca. 4 dl Gemüsewasser oder Milch
Muskatnuß
1 Bund Petersilie

20 kleine oder 10 große grüne Lasagne-Platten
150 g Mozzarella

Den Brokkoli in kleine Röschen zerteilen, den Stiel in kleine Würfel schneiden. Beides 7 Minuten in kochendem Wasser garen. Das Wasser abgießen und für die Sauce aufheben. Die Zwiebel hacken und in Öl anschwitzen. Champignonscheibchen und zerdrückten Knoblauch dazugeben. Mit zerriebenen Kräutern bestreuen und 5 Minuten schmoren lassen. Brokkoli und die rohen Erbsen hinzufügen.
Für die Sauce aus Butter, Mehl und Flüssigkeit eine Schwitze zubereiten, aufkochen lassen und mit geriebener Muskatnuß, etwas Salz und Pfeffer abschmekken. Gehackte Petersilie in die Sauce streuen.
Eine feuerfeste Form mit Öl auspinseln. Als unterste Schicht einige Lasagne-Platten hineinlegen (lesen Sie auf der Packung nach, ob sie zuerst gekocht werden müssen), dann eine Schicht Gemüse und darauf die Sauce. So lange in der gleichen Reihenfolge schichten, bis die Zutaten aufgebraucht sind. Die oberste Schicht muß aus Sauce bestehen. Den Käse in Scheiben schneiden und darauflegen. Die Lasagne ca. 30 Minuten bei 225 Grad im Ofen garen.

▷ Verwendet man ungekochte Lasagne-Platten, müssen sie von der Sauce ganz bedeckt sein, damit sie richtig gar werden.
▷ Ein Tomaten- oder gemischter Salat ist eine passende Beilage.

Grünkohl-Lasagne (oben)
Grüne Lasagne (unten)

Linseneintopf

250 g Linsen
1 Bouillonwürfel
500 g Frühlingszwiebeln
4 EL Öl
250 g Champignons
1 EL frischer, gehackter Liebstöckel
Kuzu oder Speisestärke

Die Linsen waschen und in ½ Liter Wasser mit Bouillonwürfel 30 Minuten kochen. Die Zwiebeln in Viertel schneiden, das Grünzeug der Zwiebeln hacken, beides leicht in Öl anschwitzen. Champignonscheibchen hinzugeben, 8 Minuten schmoren lassen und dann mit den gekochten Linsen und gehacktem Liebstökkel mischen. Das Gericht aufkochen und evtl. mit Kuzu oder Speisestärke, in Wasser verrührt, andicken. Es kann mit Salz abgeschmeckt werden.

▷ Dazu passen körniger Reis und gebackenes Gemüse.

Lauch mit Linsenmus

Linsenmus

100 g Linsen, ½ l Wasser
200 g Möhren, 400 g Kartoffeln
50 g Sonnenblumenkerne
1 TL zerriebenes Basilikum
1 TL zerriebener Oregano

600 g Lauchstangen
Sesamsamen

Die Linsen 10 Minuten kochen. Möhren und Kartoffeln in kleine Würfel schneiden, zu den Linsen geben und weitere 20 Minuten kochen. Das ganze Wasser im Topf muß verdampfen, dabei dürfen die Linsen aber nicht anbrennen. Die Hälfte des Gemüses durch einen Sieb streichen, die andere Hälfte mit einem Holzlöffel zerdrücken. Beides miteinander vermischen und mit gehackten Sonnenblumenkernen und den Kräutern verrühren. Mit Salz abschmecken. Ist das Mus zu fest, kann mit Wasser oder Milch verdünnt werden.
Den Lauch knapp gar kochen und in eine eingefettete, feuerfeste Form legen. Das Linsenmus über den Lauch verteilen und einige Eßlöffel Sesam darüberstreuen. Die Form bei 200 Grad ca. 40 Minuten in den heißen Ofen schieben, bis die Oberfläche goldbraun ist.

▷ Anstelle von Lauch können auch andere Gemüsesorten verwendet werden.

Vollkorn-Pfannkuchen mit Lauch

Pfannkuchen

75 g Vollweizenmehl
75 g Weizenmehl Type 405
ca. 4½ dl Milch
1 Ei
3 EL Öl

6 dicke Lauchstangen (oder 12 dünne)
½ Portion Möhrenpüree (Seite 111)
1–2 TL zerriebener Thymian

Die beiden Sorten Mehl mit der Milch schlagen. Ei und Öl dazugeben und Teig ca. 15 Minuten ruhen lassen. Aus dem Teig ca. 12 Pfannkuchen backen.
Lauch gar kochen und gut abtropfen lassen. Möhrenpüree auf die Pfannkuchen verteilen. Eine ganze oder halbe Lauchstange auf jeden Pfannkuchen legen und ein wenig Thymian darüberstreuen. Die Pfannkuchen zusammenrollen, in eine feuerfeste Form legen und bei 200 Grad ca. 10 Minuten im Ofen durchwärmen.

▷ Servieren Sie einen oder zwei Salate dazu.

Kohlrabieintopf

500 g Lauch, Öl
750 g Kohlrabi
1 TL Nelkenpfeffer
1 Bouillonwürfel
2 dl Wasser
2½ dl Crème fraîche oder saure Sahne
250 g Champignons
1 Bund Petersilie

Lauch in Streifen schneiden und in Öl anschwitzen. Kohlrabi schälen und in fingerdicke Stäbchen schneiden. Zusammen mit Nelkenpfeffer, Bouillonwürfel und Wasser in den Lauch geben, ca. 25 Minuten bei schwacher Hitze schmoren lassen. Crème fraîche hineinrühren und einmal aufkochen. Evtl. mit Salz abschmecken. Die Champignons in Scheiben schneiden und in Öl rösten. Beim Servieren die Champignonscheiben über dem Eintopf verteilen und mit Petersilie bestreuen.

▷ Statt mit Crème fraîche kann das Gericht auch mit Mehl gebunden werden.

Mairüben-Pie

Teig
125 g Magerquark
100 g Butter
60 g Grahammehl
ca. 175 g Weizenmehl Type 405

Füllung
2 kleine Mairüben
300 g Tomaten
300 g Magerquark
1 Ei
1 TL zerriebener Rosmarin
1 TL zerriebener Majoran
50 g gefüllte Oliven

Quark, Butter und Grahammehl rasch zusammenkneten und so viel Weizenmehl hineinarbeiten, wie der Teig aufnehmen kann. Den Teig ½ Stunde kalt stellen. Drei Viertel des Teiges ausrollen und in eine eingefettete Pie(Kuchen)-Form legen. An den Seiten den Teig etwas hochdrücken. Den Teigboden bei 200 Grad im Ofen 15 Minuten vorbacken.
Die Mairüben in dünne Scheiben schneiden, 5 Minuten in kochendem Wasser garen und anschließend abtropfen lassen. Die Tomaten überbrühen, abziehen und das Fleisch in Scheiben schneiden. Den Quark mit geschlagenem Ei (einen kleinen Rest für das Bestreichen des Pie aufheben) verrühren, mit Rosmarin, Majoran und evtl. Salz würzen. Den Quark auf dem vorgebackenen Pie-Boden verteilen, Rübenscheiben darauflegen, Tomatenscheiben darüber und obenauf in Scheibchen geschnittene Oliven. Den restlichen Teig ausrollen und als Deckel über den Pie drücken. Mit einer Gabel für den Dampfabzug Löcher ausstechen und die ganze Oberfläche mit Ei bestreichen. Im Ofen ca. 30 Minuten durchbacken.

▷ Ein gemischter Salat aus Paprikastreifen, Gurke und Kopfsalat mit Knoblauch-Dressing schmeckt gut dazu.

Gefüllte Paprika

4–5 große grüne Paprikaschoten

Füllung
8 EL Weizen, grob geschrotet
2 Zwiebeln
Öl
300 g Champignons
½ Blumenkohl
½ EL frisches, gehacktes Basilikum
½ EL frischer, gehackter Oregano
1 Bouillonwürfel
¾ dl kochendes Wasser
300 g Magerquark

Sauce
2½ dl Milch oder Sahne
Kuzu oder Speisestärke

Weizenschrot ca. 8 Stunden einweichen, dann 30 Minuten kochen, abgießen, Wasser auffangen, Weizen abtropfen lassen. Paprikaschoten 2 Minuten in kochendem Wasser blanchieren, längs halbieren und die Kerne entfernen. Die Zwiebeln hacken und in Öl anschwitzen. Die Champignons in kleine Stückchen schneiden und dazugeben. Den Blumenkohl in kleine Röschen zerteilen, den Stiel in kleine Würfel schneiden und zusammen mit den Kräutern zu den Zwiebeln und Champignons geben. Einen Deckel auflegen und das Gemüse bei schwacher Hitze 5 Minuten schmoren lassen. Den Bouillonwürfel in ¾ dl kochendem Weizenwasser auflösen. Den abgetropften Weizen, das gedünstete Gemüse und den Quark darin verrühren. Die Füllung evtl. mit Salz abschmecken.
Milch oder Sahne zum Kochen bringen und mit Kuzu oder Speisestärke, in Wasser aufgelöst, andicken. Die Sauce mit Basilikum, Salz und Pfeffer würzen, in eine Auflaufform gießen. Die halbierten Paprikaschoten in die Sauce setzen und füllen. Bei 200 Grad ca. 20 Minuten in den heißen Ofen schieben.

▷ Als Beilage eigenen sich Kartoffelspeisen.

Gefüllte Paprika mit Walnußsoße

4–5 große grüne Paprikaschoten

Füllung
1 große Zwiebel
350 g Lauchstangen
Öl
200 g Champignons
1 TL zerriebener Rosmarin
1 TL zerriebener Thymian

Walnußsauce
1½ dl Sahne
250 g Cheddar Käse
1 Knoblauchzehe
1 Bund Petersilie
50 g Walnüsse

Die Paprikaschoten kochen und zerteilen, wie im Rezept zuvor beschrieben. Die Zwiebel hacken, den Lauch in sehr feine Streifen schneiden und beides in Öl anschwitzen, bis der Lauch fast gar ist. Die Champignons hacken und zusammen mit Rosmarin und Thymian zur Zwiebel-Lauch-Mischung geben. Das Gemüse nochmals einige Minuten schmoren lassen.
Die Sahne zum Kochen bringen. Den Käse reiben und in der Sahne schmelzen. Die Sauce darf nicht kochen. Zerdrückten Knoblauch, gehackte Petersilie und gehackte Walnüsse dazugeben.
Die halbierten Paprika in eine eingefettete Auflaufform setzen und füllen. Die Walnußsauce über die gefüllten Paprika verteilen. Bei 200 Grad ca. 20 Minuten im Ofen schmoren lassen.

Gefüllte Paprika in Tomatensauce

4–5 gelbe oder rote Paprikaschoten

Füllung
1 große Zwiebel, Öl
200 g Champignons
500 g Tomaten
100 g Mais
50 g Mandeln
50 g Sonnenblumenkerne
1 Bund Petersilie

Tomatensauce
1 Zwiebel
1 TL zerriebenes Basilikum
1 TL zerriebener Oregano
2 dl Milch, 50 g Tomatenpüree

Die Paprikaschoten kochen und zerteilen, wie auf Seite 70 beschrieben.
Die Zwiebel hacken und in Öl anschwitzen. Die Champignons in sehr kleine Stücke schneiden und dazugeben. Die Tomaten überbrühen, die Haut abziehen und das Fleisch in kleine Stücke schneiden. Ca. ein Viertel der Tomaten zusammen mit dem Mais unter die Zwiebel-Champignons mischen, einige Minuten schmoren lassen, dann die Pfanne von der Hitze nehmen. Grobgehackte Mandeln, Sonnenblumenkerne und feingeschnittene Petersilie hineingeben.
Für die Sauce die Zwiebel hacken und in Öl anschwitzen. Die restlichen Tomaten zusammen mit den Kräutern und der Milch dazugeben. Die Sauce kochen, bis sie dick genug ist, dann das Tomatenpüree hineinrühren. Evtl. mit Salz und Honig abschmecken. Die Sauce in eine feuerfeste Form gießen. Die halbierten Paprika in die Sauce setzen und füllen. Bei 200 Grad ca. 20 Minuten in den Ofen stellen.
▷ Dazu paßt körniger Reis.

Zucchini
Diese gurkenförmigen Kürbisfrüchte werden auch Courgetten genannt. Sie stammen aus den Mittelmeerländern, werden inzwischen aber auch bei uns angebaut. Sie enthalten Provitamin A (Carotin) und Vitamin C und sind kalorienarm (nur 17 Kalorien pro 100 g). Man kann sie sehr vielseitig verwenden.

Zucchini mit Kastanienfüllung

Kastanienfüllung
250 g Eßkastanien (Maroni)
200 g Lauch
50 g Butter
3½ EL Mehl
ca. 3½ dl Milch oder Bouillon
2 EL frisches, feingehacktes Bohnenkraut
1 Bund Petersilie

Zucchini (ca. 1200 g)

Am spitzen Ende der Kastanien ein Kreuz einschneiden, dann für ca. 15 Minuten in kochendes Wasser geben. Die Kastanien leicht abkühlen lassen, schälen und die innere Haut abpellen. Den Lauch in feine Streifen schneiden und in Butter goldbraun dünsten. Das Mehl darüberstreuen und unter ständigem Rühren mit Milch oder Bouillon aufgießen. Gehacktes Bohnenkraut und Petersilie hinzufügen. Die Sauce ca. 5 Minuten kochen lassen, evtl. mit Salz abschmecken. Die Kastanien durchschneiden und dazugeben.
Die Zucchini halbieren und die Kerne mit einem Löffel herauslösen. Etwas Wasser oder Bouillon in eine feuerfeste Form gießen und die Zucchini in die Form setzen. Die Füllung in die Früchte geben und wieder zusammensetzen. Bei 200 Grad ca. 50 Minuten in den Ofen stellen.
▷ Dazu paßt Vollkorn-Stangenbrot, ein rot-grüner Bohnensalat (Seite 30) und evtl. ein Tomatensalat.

Zucchini mit Pfifferlingen

4 Zucchini, 1 Fenchel
1 große Zwiebel, Öl
250 g Pfifferlinge
2½ dl Sahne
Pfeffer
1 TL zerriebener Thymian

Die Zucchini 5 Minuten in kochendem Wasser garen. Den Stiel des Fenchels entfernen, die Knolle ca. 15 Minuten kochen, dann in kleine Würfel schneiden. Die Zwiebel fein hacken und in Öl anschwitzen. Die Pfifferlinge zur Zwiebel geben, einige Minuten schmoren lassen, dann mit der Sahne aufgießen und bei schwacher Hitze so lange kochen lassen, bis die Sahne eingedickt ist. Mit Pfeffer und evtl. Salz abschmecken.
Die Zucchini der Länge nach in Scheiben schneiden, anrichten, Thymian und Fenchelwürfel darüber verteilen und mit den Pfifferlingen bedecken. Das Gericht kann evtl. im Ofen aufgewärmt werden.

▷ Tomatensalat und kleine Pellkartoffeln, in Butter gedünstet, sind eine passende Beilage.

Zucchini mit Spinatfüllung

2 Große Zucchini (Auflauf form von Tiramissu)
4 Zucchini

Spinatfüllung
500 g Spinat (= 3 Stücke)
200 g Schmelzkäse
1 Ei (kann weggelassen werden)
Muskatnuß

~~*4 EL gehackte Cashewnüsse*~~
Zucchini roh in Auflauf form u. etwas Kräutersalz darüber streuen, danach füllen.

Die Zucchini ca. 5 Minuten in kochendem Wasser garen, dann der Länge nach halbieren und die Kerne entfernen.
Spinat waschen. Den feuchten Spinat ohne zusätzliches Wasser gar dämpfen (gefrorenen Spinat auftauen und nur einige Minuten dämpfen). Den Topf von der Hitze nehmen. Den Schmelzkäse in den Spinat rühren, etwas abkühlen lassen und dann das Ei hineinrühren. Mit Muskatnuß und evtl. Salz abschmecken.
Die halbierten Zucchini in eine eingefettete Auflaufform legen und füllen. Die Nüsse grob hacken und über das Gericht streuen. 15–20 Minuten in den 200 Grad heißen Ofen schieben.

▷ Ein gemischter Kartoffelsalat paßt gut dazu.

Zucchini mit Kräuterfüllung

4 Zucchini

Kräuterfüllung
250 g Zwiebeln, Öl
2 Maiskolben
4 Tomaten
1 großes Ei
½ dl Granola
4 EL gehackte Petersilie
1½ EL frischer, gehackter Majoran
1½ EL frischer, gehackter Oregano

Die Zucchini der Länge nach halbieren und die Kerne entfernen.
Die Zwiebeln hacken und in Öl anschwitzen. Die Maiskolben in ca. 8 Minuten gar kochen (es kann evtl. auch gefrorener Mais verwendet werden). Die Maiskörner vom Kolben ablösen und zusammen mit den kleingeschnittenen Tomaten unter die Zwiebeln mischen. Das Gemüse einige Minuten schmoren, dann etwas abkühlen lassen. Ei, Granola und gehackte Kräuter hineinrühren. Evtl. mit Salz abschmecken.
Die Zucchini in eine eingefettete Auflaufform setzen und die Füllung in die ausgehöhlten Früchte verteilen. Bei 180 Grad ca. 30–40 Minuten in den Ofen schieben.

▷ Kartoffeln, Vollkorn-Stangenbrot oder eingelegte Bohnen passen gut zu diesem Gericht.

Zucchini mit Walnußfüllung

4 Zucchini

Walnußfüllung
200 g Zwiebeln
Öl
1 Knoblauchzehe
3–4 Stangensellerie mit Blättern
100 g gehackte Walnüsse
2 EL Tahin
2 EL gehackte Petersilie
1 Ei

50 g geriebener Emmentaler

Die Zucchini längs halbieren und die Kerne herauslösen.
Die Zwiebeln hacken und mit zerdrücktem Knoblauch in Öl anschwitzen. Stangensellerie fein hacken, ebenso die Blätter (hat der Stangensellerie keine Blätter, können statt dessen 2 Eßlöffel frischer,

gehackter Liebstöckel verwendet werden). Sellerie und Blätter zu den Zwiebeln geben und zugedeckt 5 Minuten schmoren lassen. Etwas abkühlen lassen und mit den Walnüssen, Tahin und Petersilie vermischen. Das Ei hineinrühren und mit Salz abschmecken.

Die Zucchini in eine eingefettete, feuerfeste Form setzen und die Füllung in die halbierten Früchte verteilen. Den Käse darüberstreuen. Ca. 40 Minuten bei 190 Grad im Ofen backen, bis der Käse goldbraun geworden ist.

▷ Kleine Pellkartoffeln oder körniger Reis passen gut dazu.

Zucchini mit Cashewfüllung

4 Zucchini

Cashewfüllung
100 g gehackte Cashewnüsse
1 große rote Paprikaschote
¾ dl Sahne
100 g Granola
2 EL Tahin
2 TL zerriebener Rosmarin

2 Zwiebeln
Öl
250 g Champignons
2 TL Zitronensaft
50 g Cheddar Käse

Die Zucchini der Länge nach halbieren und die Kerne herauslösen.

Die Cashewnüsse mit sehr klein gehackter Paprikaschote mischen. Sahne, Granola, Tahin und zerriebenen Rosmarin dazurühren. Evtl. mit Salz abschmecken. Die Füllung in die ausgehöhlten Zucchini verteilen.

Die Zwiebeln in Ringe schneiden und in Öl anschwitzen. Die Champignons in kleine Scheiben schneiden und zusammen mit dem Zitronensaft zu den Zwiebeln geben. Einige Minuten schmoren lassen, dann in eine feuerfeste Form gießen. Die gefüllten Zucchini daraufsetzen und mit geriebenem Cheddar bestreuen. Bei 190 Grad ca. 40 Minuten im Ofen backen, bis der Käse goldbraun geworden ist.

▷ Dazu können körniger Reis und Salat serviert werden.

Italienischer Risotto

200 g Zwiebeln
2 Knoblauchzehen
4 EL Öl
1½ TL Gelbwurz
½ EL frisches, gehacktes Basilikum
½ EL frischer, gehackter Majoran
400 g Vollreis
8 dl kochendes Wasser
250 g Champignons
1 grüne Paprikaschote
1 rote Paprikaschote
200 g Erbsen
200 g Mais
50 g schwarze Oliven

Die Zwiebeln hacken und zusammen mit zerdrücktem Knoblauch in Öl anschwitzen. Gelbwurz, Kräuter und Reis dazugeben. Den Reis einige Minuten im Öl wenden, dann kochendes Wasser aufgießen. Evtl. Salz dazugeben. 40 Minuten kochen lassen. Die Champignons in Scheibchen schneiden, Paprikaschoten hacken. Beides in den letzten 8 Minuten der Kochzeit zum Reis geben. Erbsen, Mais und die schwarzen Oliven kommen zuletzt hinein, sie werden nur kurz mit aufgewärmt.

▷ Ein grüner Salat paßt gut dazu.

Spargel-Kartoffel-Auflauf

500 g Kartoffeln
500 g grüner Spargel
30 g Nüsse
2 dl Sahne
2 Eier
1 Bund Petersilie
50 g Emmentaler
3 EL zermahlenes Granola

Die Kartoffeln knapp gar kochen, pellen und in Scheiben schneiden. Spargel am unteren Ende ein Stück abschneiden, nicht schälen, bündeln, in kochendes Wasser geben, dann abtropfen lassen.

Eine runde Auflaufform einfetten. Die Kartoffelscheiben hineinlegen und den Spargel wie Zirkel darauflegen. Die Nüsse grob hacken und darüberstreuen. Die Sahne mit den Eiern und gehackter Petersilie schlagen und über das Gemüse geben. Mit geraspeltem Käse und Granola bestreuen. Bei 200 Grad im Ofen 20–25 Minuten backen, bis die Oberfläche goldbraun ist.

▷ Statt Kartoffeln kann auch vorgekochter Reis verwendet werden (ungekocht 4 dl). Das Gericht wird dadurch aber recht säurehaltig.

Florentinisches Spinatgericht

1 Zwiebel, 2 EL Öl
400 g Vollreis
8 dl Wasser
1 Knoblauchzehe
500 g Spinat (ganz)
2½ dl Crème fraîche oder saure Sahne
Muskatnuß
½ grüne Paprikaschote
350 g Tomaten
100 g Emmentaler

Die Zwiebel hacken und in Öl anschwitzen. Den Reis dazugeben und kurz im Öl wenden. Mit Wasser aufgießen und den Reis ca. 40 Minuten kochen. In eine eingefettete, runde Savarinform schütten und gut zusammendrücken.
Den Knoblauch zerdrücken und in etwas Öl anschwitzen. Die feuchten Spinatblätter (ohne zusätzliches Wasser) in diesem Knoblauch-Öl gar dämpfen. Den Spinat grob hacken und zurück in die Pfanne geben. Crème fraîche dazurühren und aufkochen lassen. Mit Muskatnuß und evtl. Salz aufkochen.
Den Reisrand vorsichtig auf eine feuerfeste Servierplatte stürzen, den Spinat in die Mitte füllen. Die Paprikaschote in Ringe schneiden, die Ringe halbieren und auf den Reisrand setzen. Die Tomaten überbrühen, die Haut abziehen, das Fleisch in Viertel schneiden. Die Tomatenstücke um den äußeren Rand verteilen. Den Käse reiben und über das Gericht streuen. Die Platte ca. 20 Minuten bei 200 Grad in den Ofen stellen, bis der Käse goldbraun ist.

Spinat-Pizza

Pizzateig
25 g Hefe
2½ dl lauwarmes Wasser
1 TL Salz
1 TL Honig
½ dl Öl
200 g Grahammehl
ca. 300 g Weizenmehl Type 405

Belag
500 g Spinat
1 dl Milch oder Sahne
1 Knoblauchzehe
Muskatnuß
Speisestärke
100 g gefüllte Oliven
250 g Mozzarella

Die Hefe in lauwarmem Wasser verrühren. Salz, Honig, Öl und Grahammehl hineingeben, verrühren und dann mit so viel Weizenmehl kneten, wie der Teig aufnehmen kann. An einem warmen Ort 1 Stunde gehen lassen. Anschließend erneut durchkneten, ausrollen und vier mit Öl bestrichene Kuchenformen oder ein Backblech damit belegen. Die Pizzaböden im Ofen bei 220 Grad 8–10 Minuten vorbacken.
Spinat waschen, die feuchten Spinatblätter ohne zusätzliches Wasser gar dämpfen. Den Spinat hacken und zurück in den Topf geben. Milch oder Sahne und zerdrückten Knoblauch dazugeben. Mit Muskatnuß und evtl. Salz abschmecken, mit etwas Speisestärke andicken. Den Spinat auf die Pizzaböden verteilen. Die gefüllten Oliven und den Käse in Scheiben schneiden und darauflegen. Bei 200 Grad ca. 20 Minuten backen, bis der Käse goldbraun ist.
▷ Ein grüner Salat paßt sicher gut dazu.

Spinat-Fettucine-Auflauf

350 g Fettucine (breite Bandnudeln)
2 große Zwiebeln, Öl
1 Knoblauchzehe
300 g Champignons
500 g Spinat
2½ dl Milch
2 TL Speisestärke
Muskatnuß
200 g Emmentaler

Die Fettucine 12 Minuten in kochendem Wasser garen. Das Wasser abgießen, die Nudeln abtropfen lassen und in eine eingefettete Auflaufform geben.
Die Zwiebeln hacken und in Öl anschwitzen, zerdrückten Knoblauch hinzufügen. Die Champignons in Scheiben schneiden und mit den Zwiebeln einige Minuten schmoren lassen, dann die Spinatblätter mit 1 dl Wasser dazugeben. Nochmals einige Minuten schmoren lassen und mit der Milch aufgießen, mit Speisestärke binden, aufkochen lassen und mit Muskatnuß und evtl. Salz abschmecken. Die Spinatmasse über die Fettucine gießen. Den Käse, in Scheiben geschnitten, darauflegen. Ca. 25 Minuten bei 200 Grad im Ofen backen, bis der Käse goldbraun ist.
▷ Eine kleine Portion Italienischer Bohnensalat (Seite 97) ist eine passende Beilage.

Gefüllte Zwiebeln

8 große Zwiebeln

Füllung
300 g Tomaten
50 g Erdnüsse
1 Ei
100 g Weizenkeime
2 EL frisches, gehacktes Basilikum
2 dl Milch

100 g Tomatenpüree

Die Zwiebeln 15 Minuten in kochendem Wasser garen, pellen und drei Viertel aushöhlen. Das ausgelöste Zwiebelfleisch fein hacken.
Die Tomaten überbrühen, die Haut abziehen und das Fruchtfleisch hacken. Die Tomatenstückchen mit der Hälfte der gehackten Zwiebeln, mit den Erdnüssen, geschlagenem Ei, Weizenkeimen und 1 Eßlöffel gehacktem Basilikum mischen, evtl. mit Salz abschmecken.
Den übriggebliebenen Löffel Basilikum und den Rest der gehackten Zwiebeln in die Milch rühren und das Tomatenpüree dazugeben. Diese Sauce in einen Topf gießen, in dem die Zwiebeln nebeneinander Platz haben.
Die Füllung in die Zwiebeln geben und diese in den Topf setzen. Zugedeckt bei schwacher Hitze ca. 20 Minuten schmoren lassen. Oder den geschlossenen Topf im Ofen bei 200 Grad in ca. 20 Minuten gar schmoren.

▷ Das Gericht schmeckt besonders köstlich mit einer Pastete oder mit Frikadellen. Außerdem paßt körniger Reis gut dazu.

Französischer Zwiebelkuchen

Teig
100 g Butter
100 g Buchweizenmehl
ca. 100 g Vollweizenmehl
50 g Sesamsamen

Belag
300 g Zwiebeln
500 g Lauch
250 g Champignons
Öl
100 g Emmentaler
2 Eier
2½ dl Crème fraîche oder saure Sahne
Muskatnuß

Die Butter mit den beiden Mehlsorten und Sesam in eine Schüssel geben und schnell zu einem Teig zusammenkneten. ½ Stunde kühl stellen, dann den Teig ausrollen und eine eingefettete runde Kuchenform damit auslegen. Den Kuchenboden ca. 10 Minuten bei 180 Grad im Ofen vorbacken.
Die Zwiebeln hacken, den Lauch in dünne Ringe und die Champignons in Scheiben schneiden. Die Gemüse in Öl ca. 10 Minuten anschwitzen, dann auf dem vorgebackenen Kuchenboden verteilen. Mit kleingewürfeltem Emmentaler bestreuen. Eier mit Crème fraîche schlagen, mit Muskat und evtl. Salz abschmecken. Die Masse über das Gemüse gießen und den Kuchen ca. 25–30 Minuten bei 190 Grad im Ofen backen, bis er hellbraun ist.

Sellerie mit Linsenfüllung

4 kleine Sellerieknollen

Linsenfüllung
100 g rote Linsen
1 Fenchel
50 g gehobelte Mandeln
1 dl Crème fraîche oder saure Sahne
100 g Cheddar Käse

Joghurtsauce
2 dl Joghurt
¼ Salatgurke
1 Bund Petersilie

Die Linsen ca. 30 Minuten kochen und etwas abkühlen lassen. Sellerie schälen und ca. 35 Minuten in Wasser knapp gar kochen. Den Fenchel halbieren und 15 Minuten mit dem Sellerie kochen. Etwa drei Viertel des Selleriefleisches aus den Knollen herauslösen, die Knollen in eine eingefettete, feuerfeste Form setzen. Das ausgelöste Selleriefleisch fein hacken.
Den Fenchel in ganz kleine Würfel schneiden und zusammen mit den gehobelten Mandeln und Crème fraîche unter die Linsen mischen. Evtl. mit Salz abschmecken. Die Füllung in die ausgehöhlten Sellerieknollen geben. Den Käse raspeln und darüberstreuen. Bei 200 Grad ca. 25 Minuten im Ofen bakken, bis der Käse goldbraun ist.
Das gehackte Selleriefleisch mit Joghurt verrühren. Die Gurke in feine Würfel schneiden und zusammen mit gehackter Petersilie in den Joghurt mischen. Die Joghurtsauce wird separat zum Sellerie serviert.

Sellerie à la Königin Victoria

4 kleine Sellerieknollen

Füllung
200 g Kartoffeln
2 Zwiebeln
1 Knoblauchzehe
Öl
100 g Champignons
2 TL Thymian
1 TL Koriander
100 g Cheshire Käse
4 EL Sahne

Sauce
500 g Tomaten
2 dl Milch oder Sahne

Sellerie schälen und knapp gar kochen. Die Kartoffeln ebenfalls nur knapp gar kochen.
Die Zwiebeln hacken und mit zerdrücktem Knoblauch anschwitzen. Die Champignons ganz klein schneiden und zu den Zwiebeln geben. Thymian und Koriander hineinstreuen und das Gemüse einige Minuten schmoren lassen. Kartoffeln und Käse reiben und zu den Zwiebeln und Champignons geben. Die Sahne hineinrühren und evtl. mit Salz abschmecken. Einen Deckel von den Sellerieknollen abschneiden und etwa drei Viertel des Fleisches aus der Knolle herauslösen (kann für einen Salat oder eine Suppe aufgehoben werden). Die Sellerieknollen in eine feuerfeste Form setzen. Die Füllung in die ausgehöhlten Knollen geben und die abgeschnittenen Deckel wieder aufsetzen.
Die Tomaten überbrühen, die Haut abziehen, das Fleisch in kleinere Stücke schneiden und mit Milch oder Sahne kochen. Evtl. 1 Teelöffel geriebenen Thymian hineingeben, gut aufkochen und evtl. mit etwas Mehl, in Wasser verrührt, binden. Die Sauce über die Sellerie gießen und die Form ca. 20 Minuten in den 200 Grad heißen Ofen schieben.

▷ Die Sellerie sind recht sättigend, aber man kann gut einen Salat, z. B. aus Soja- oder Getreide-Sprossen, dazu servieren.

Sellerie-Champignon-Gratin

1 große Sellerieknolle
250 g Champignons
Öl
½ EL Zitronensaft
1 Zwiebel
250 g Lauchstangen
3 EL Mehl
ca. 4 dl Milch oder Selleriewasser
Muskatnuß
100 g Sesamsamen

Sellerie in 8 Scheiben schneiden. Die Scheiben schälen, knapp gar kochen und in eine eingefettete Auflaufform legen.
Die Champignons in Scheiben schneiden und in Öl anschwitzen, den Zitronensaft hinzufügen. Die Zwiebel hacken und den Lauch in ganz dünne Streifen schneiden. Beides zu den Champignons geben und ca. 10 Minuten schmoren lassen. Evtl. etwas Wasser aufgießen. Das Mehl darüberstreuen und mit Milch oder Selleriewasser aufgießen, aufkochen lassen und mit Muskatnuß und evtl. Salz abschmecken. Sesamsamen hineingeben, dann über die Selleriescheiben gießen und im Ofen bei 200 Grad ca. 20 Minuten goldbraun werden lassen.

▷ Dazu passen Kartoffeln und ein grüner Salat.

Sellerie mit roter Nußsauce

1 kg Sellerieknolle

Rote Nußsauce
30 g Butter
1 große Zwiebel
4 EL Mehl
ca. 4 dl Selleriewasser oder Milch
½ Rote Bete
2 EL frischer, gehackter Liebstöckel
50 g Haselnüsse
Zitronensaft

Sellerie in Scheiben schneiden und schälen (das ist einfacher, als die ganze Knolle zu schälen). Die Selleriescheiben 5–8 Minuten in kochendem Wasser garen. Die Scheiben warm halten. Die Butter zerlassen und die gehackte Zwiebel darin goldbraun rösten. Das Mehl über die Zwiebeln streuen und unter ständigem Rühren mit Selleriewasser oder Milch aufgießen. Rote Bete fein raspeln und zusammen mit dem Liebstöckel in die Sauce geben, aufkochen und die gehackten Haselnüsse hinzufügen. Mit etwas Zitronensaft und evtl. Salz abschmecken. Die warmen Selleriescheiben in eine Schüssel geben, die Sauce darübergießen.

▷ Körniger Reis mit feingeschnittener Paprikaschote, glasierte Zwiebeln und ein grüner Salat können dieses Gericht schmackhaft ergänzen.

Stangensellerie à l' Espagnol

1 großes Bündel Stangensellerie
1 Schalotte
4 Pfefferkörner
1 Lorbeerblatt
2½ dl Wasser
3 EL Butter, 3 EL Mehl
1 Bund Petersilie
500 g Champignons, Öl
1 EL Zitronensaft

Die Selleriestangen in ca. 5 cm lange Stücke schneiden. Die Blätter evtl. fein hacken. Sellerie und Blätter zusammen mit geschälter Schalotte, Pfefferkörnern und Lorbeerblatt in 2½ dl kochendes Wasser geben und ca. 25 Minuten kochen. Zwiebel, Pfeffer und Lorbeerblatt wieder herausnehmen. Das Gemüse mit Butter-Mehl-Kugel binden. Petersilie hacken und dazugeben. Evtl. mit etwas Zitronensaft und Salz abschmecken.
Champignons in Scheiben schneiden und in Öl anschwitzen. Den Zitronensaft hineingeben und 5 Minuten schmoren lassen. Beim Servieren die Champignons über den Sellerie verteilen.

▷ Servieren Sie dazu Kartoffelpüree oder ganzen, gekochten Weizen.

Sellerie à la Wiener Schnitzel

1 große Sellerieknolle
1 Ei (oder Sojamehl-Einbrenne)
Granola
Öl
1 Zitrone
Kapern
Meerrettich

Sellerie in 8 Scheiben schneiden. Die Scheiben schälen, ca. 4 Minuten in kochendem Wasser knapp gar kochen. Das Ei schlagen. Die abgekühlten Selleriescheiben erst in Ei, dann in Granola wenden und in Öl goldbraun rösten. Beim Servieren eine Zitronenscheibe auf jede Selleriescheibe legen und mit Kapern und geriebenem Meerrettich garnieren.

▷ Reichen Sie dazu eine Buttersauce mit gehackter Petersilie und gekochte Kartoffeln.

Süß-saure Rote Beten

300 g Zwiebeln
½ dl Olivenöl
750 g Rote Bete
4 dl Apfelsaft
¾ dl Kräuteressig
200 g eingeweichter ganzer Weizen
50 g Rosinen
2 TL zerriebener Thymian
3 EL Mango Chutney
2 EL Honig

Die Zwiebeln hacken und in Öl anschwitzen. Rote Beten schälen, in kleine Würfel schneiden und dazugeben. Apfelsaft, Kräuteressig, Weizen, Rosinen, Thymian, Mango Chutney und Honig dazumischen und zugedeckt ca. 50 Minuten schmoren lassen. Achten Sie darauf, daß das Gericht nicht zu trocken wird. Vor dem Servieren nach Belieben mit Honig und evtl. Salz abschmecken.

▷ Als Beilage passen z. B. gratinierte Zucchini sehr gut.

Rote-Bete-Sandwich

1 kg große, runde Rote Bete
350 g körniger Frischkäse
1 großes Ei
4 EL frisches, gehacktes Selleriekraut
1 EL frischer, gehackter Majoran
1 große Zwiebel
Öl

Die Roten Beten gar kochen, pellen und in Scheiben schneiden.
Frischkäse erst in ein Sieb geben, damit die Flüssigkeit abtropfen kann. Dann ein Ei dazurühren. Gehacktes Selleriekraut, Majoran und feingeschnittene Zwiebel einige Minuten in Öl anschwitzen und unter den Frischkäse mischen. Die Hälfte der Rote-Bete-Scheiben in eine eingefettete Auflaufform schichten, darüber die Käsefüllung streichen. Die restlichen Rote-Bete-Scheiben darauflegen und leicht in die Käsefüllung drücken. Ca. 25–30 Minuten bei 200 Grad im Ofen fertigstellen.

▷ Dazu passen Rösti (Seite 106) und ein Salat.

Rote Beten mit Joghurt-Dressing

1 kg Rote Bete
2 hartgekochte Eier
3 dl Joghurt
1 Bund Schnittlauch
250 g Zwiebeln, Öl

Die Roten Beten gar kochen und pellen. Abkühlen lassen, in Scheiben schneiden und auf eine Servierplatte legen. Eier und Schnittlauch fein hacken und mit Joghurt verrühren, evtl. mit Salz abschmecken. Dressing über die Roten Beten gießen. Die Zwiebeln in Ringe schneiden und in Öl goldbraun rösten. Die abgekühlten Zwiebelringe über die Roten Beten verteilen.

▷ Kartoffeln oder Stangenbrot und ein Salat passen gut zu diesem Gericht.

Auflauf mit Baby-Rote-Beten

12 kleine, runde Rote Beten
750 g Kartoffeln
50 g Butter
1 Ei (kann auch weggelassen werden)
1 dl Milch
2 EL Tamari (Sojasauce)
1 EL frischer gehackter Majoran
1 EL frisches, gehacktes Bohnenkraut
100 g Hirseflocken
10 gefüllte Oliven
1 Bund Petersilie

Die Roten Beten gar kochen, pellen und in eine eingefettete Auflaufform setzen. Hat man beim Einkaufen nur größere Rote-Bete-Knollen bekommen, so werden sie in Scheiben geschnitten. Die Kartoffeln schälen, in Würfel schneiden und gar kochen. Das Wasser abgießen und die Kartoffeln trocken dämpfen lassen, dann stampfen und mit Butter, Ei, Milch, Tamari und Kräutern verrühren, evtl. mit Salz und Pfeffer würzen. Das Kartoffelmus über die Roten Beten verteilen und die Hirseflocken darüberstreuen. Bei 200 Grad ca. 25 Minuten in den heißen Ofen schieben. Beim Servieren mit Olivenscheibchen und Petersilie garnieren.

▷ Als Beilage ist ein grüner Salat mit gekochten Kichererbsen und rohem Blumenkohl zu empfehlen.

Gebackene Rote Beten

750 g Rote Bete
Öl, 1 große Zwiebel

Blumenkohlcreme
250 g Blumenkohl
3 EL geschnittener Dill
½ dl Sesamsamen
3 dl Crème fraîche oder saure Sahne

Die Roten Beten schälen, in ca. 1 cm dicke Scheiben schneiden und in eine mit Öl bestrichene, möglichst flache, feuerfeste Form legen. Zwei Scheiben zur Seite legen. Die Roten Beten mit Öl bestreichen. Gehackte Zwiebel darüberstreuen und die Form bei 200 Grad in den Ofen schieben.
Den Blumenkohl in kleine Röschen zerteilen, den Stiel fein hacken. Die zwei zur Seite gelegten Rote-Bete-Scheiben auf der Rohkostreibe raspeln und zusammen mit dem Blumenkohl, geschnittenem Dill, den Sesamsamen und Crème fraîche verrühren, evtl. mit Salz abschmecken.
Nach 35 Minuten die Form mit den Roten Beten aus dem Ofen nehmen und die Blumenkohlcreme darauf verteilen, dann nochmals ca. 20 Minuten in den Ofen stellen.

▷ Weizen- oder Linsenfrikadellen und ein grüner Salat werden Ihnen gut dazu schmecken.

Pfifferlingsoufflé

50 g Sojanudeln
Maisöl
1 große Zwiebel
250 g Pfifferlinge oder andere Pilze
40 g Butter
3 EL Speisestärke
ca. 2 dl Milch
1 TL zerriebene Minze
½ TL zerriebener Salbei
200 g Magerquark
2 EL geriebener Parmesan
3 Eier
evtl. Salz

Die Sojanudeln 8 Minuten in kochendem Wasser mit ½ Eßlöffel Öl garen. Das Kochwasser abgießen, die Nudeln mit kaltem Wasser abschrecken und gut abtropfen lassen.
Die Zwiebel fein hacken und in Öl anschwitzen. Die Pfifferlinge gründlich in Salzwasser waschen, spülen und ab-

tropfen lassen. Die durchgeschnittenen Pilze zur Zwiebel geben, bei schwacher Hitze 5 Minuten schmoren lassen.
Butter, Speisestärke und Milch unter ständigem Rühren zum Kochen bringen. Zerriebene Minze und Salbei dazustreuen. Wenn die Sauce etwas abgekühlt ist, den Quark und geriebenen Parmesan hineinrühren. Nach und nach ein Eigelb nach dem anderen in die Sauce schlagen.
Die Sojanudeln durchschneiden und zusammen mit Zwiebeln und Pilzen in die Sauce geben. Evtl. mit Salz abschmekken. Eiweiß sehr steif schlagen und vorsichtig unter die Sauce heben.
Die Soufflémasse in eine eingefettete Auflaufform mit geraden Wänden füllen. Bedenken Sie dabei, daß das Soufflé bis zur doppelten Höhe aufgeht, deshalb nur dreiviertelvoll füllen. Im vorgewärmten Ofen bei 175 Grad 35–40 Minuten bakken und sofort servieren.

▷ Dazu passen Kartoffeln gut, z. B. Kartoffelsalat.

Spitzkohlauflauf

2 Spitzkohlköpfe
25 g Butter
Muskatnuß
300 g Champignons
200 g Zwiebeln
Öl
1 dl Sahne
1 dl Granola
2 Eier
Butterflöckchen
1 Bund Petersilie

Kohlköpfe in Hälften teilen. Die dicken Stiele abschneiden und klein hacken. Kohl und gehackte Stiele 5 Minuten in kochendem Wasser garen. Das Wasser abgießen und den Kohl in grobe Streifen schneiden. Die Butter in einem Topf zerlassen, etwas Muskatnuß und evtl. Salz dazugeben. Den Kohl darin wenden, bis er fast gar ist.
Die Champignons in Scheiben schneiden, die Zwiebeln hacken und beides in Öl anschwitzen. Etwas abkühlen lassen, dann mit Sahne, Granola und geschlagenem Ei vermischen, würzen.
Die Hälfte des Kohls in eine eingefettete Auflaufform füllen. Die Champignonfüllung darübergeben und obenauf den restlichen Kohl. Butterflöckchen daraufsetzen und die Form ca. 30 Minuten in den 200 Grad heißen Ofen schieben. Beim Servieren gehackte Petersilie darüberstreuen.

▷ Dieser Auflauf ist ein herrliches Sommergericht. Er schmeckt am besten mit neuen Kartoffeln und Dillsauce.

Weißkohlrouladen mit Kastanienfüllung

1 kleiner Weißkohl

Kastanienfüllung
250 g getrocknete Eßkastanien (Maroni)
100 g Magerquark oder Schmelzkäse
50 g Granola
ca. 1 dl Milch oder Sahne
2 EL frischer, gehackter Liebstöckel

2½ dl Weißkohlwasser
4 EL Honig, 2 EL Butter

Den Weißkohl in kochendes Wasser legen. 16–18 Blätter vorsichtig ablösen, sobald sie gar sind. Den Rest des Kohls weiterkochen und das Kochwasser aufheben. Ca. die Hälfte des gekochten Kohlkopfs fein hacken.
Die Kastanien in reichlich Wasser mindestens 8 Stunden weichen lassen. Im Einweichwasser ca. 15 Minuten kochen und abtropfen lassen. Die Hälfte der Kastanien grob hacken und mit dem Quark bzw. Käse, geschnittenem Kohl, Granola, Milch oder Sahne und gehacktem Liebstöckel verrühren. Die Füllung kann mit Salz abgeschmeckt werden. Auf jedes Kohlblatt 1–2 Eßlöffel von der Füllung legen. Die Seiten einschlagen und die Rouladen zusammenrollen. Mit dem Rollenende nach unten in eine feuerfeste Form legen. Kochendes Kohlwasser über die Rouladen gießen und 20 Minuten im 200 Grad heißen Ofen garen.
Honig und Butter in der Pfanne zerlassen, die restlichen Kastanien darin wenden, bis sie goldbraun sind.
Aus dem restlichen Kohlwasser kann eine Sauce zubereitet werden.

▷ Werden frische Kastanien verwendet, braucht man 500 g. Sie werden zubereitet, wie auf Seite 65 beschrieben.

Weißkohlrouladen mit Reisfüllung

1 kleiner Weißkohl

Reisfüllung
150 g Vollreis
1 Zwiebel, Öl
1 grüne Paprikaschote
1 rote Paprikaschote
100 g Mais
100 g Schmelzkäse
1 Bund Dill

Den Weißkohl in kochendes Wasser legen. 16–18 Kohlblätter nach und nach vorsichtig ablösen, sobald sie gar sind. Den Rest des Kohlkopfes gar kochen und das Wasser evtl. für die Sauce aufheben. Die Hälfte des verbliebenen Kohlkopfes fein hacken.

Den Reis in ca. 40 Minuten gar kochen. Die Zwiebel fein hacken und in Öl anschwitzen. Die Paprikaschoten hacken und hinzugeben. Den Mais einige Minuten kochen und mit Zwiebel und Paprika mischen.

Den garen Reis mit dem Paprika-Zwiebel-Mais-Gemüse, dem gehackten Kohl und dem Käse gut durchmischen. Die Hälfte des Dills klein schneiden und dazugeben, evtl. mit Salz abschmecken. Auf jedes einzelne Kohlblatt 1–2 Eßlöffel von dieser Füllung legen. Die Blätter zusammenfalten und die Rouladen in eine feuerfeste Form setzen. Im Ofen 10–15 Minuten durchwärmen.

Das Kohlwasser zu einer Sauce andikken und mit geschnittenem Dill abschmecken. Über die Rouladen gießen.

Ein Hauch vom Osten

Das grundlegende Prinzip der fernöstlichen Küche beruht darauf, die Gemüse klein geschnitten, kurz und so wenig wie möglich zu garen. So werden Geschmack, Farbe und Nährstoffe am besten bewahrt.
Die fernöstliche Yin-Yang Philosophie über zwei gegensätzliche und doch komplementäre Elementarkräfte (männlich und weiblich) zeigt sich auch in der Küche, wo die Gegensätze und Ergänzungen z. B. in süß und sauer, scharf und mild, weich und knusprig vertreten sind.
Leicht geschmortes Gemüse wird im Osten viel gegessen. Dafür ist die spezielle chinesische Pfanne, der »Wok«, eine große, hochgebogene Pfanne, bestens geeignet. Die einzelnen Gemüse werden darin nacheinander angeschwitzt und am Rand der Pfanne hochgeschoben.
In der Regel wird körniger Reis als Beilage serviert. Der Reis kann auch gedünstet oder mit Gemüse gemischt werden. In Indien werden auch häufig die großen Fladenbrote, Chapatis oder Parathas (Seite 104) als Beilage gereicht.

Chieng Mai-Gemüse

250 g Zuckererbsen oder grüne Bohnen
500 g Blumenkohl
500 g Brokkoli
250 g Tomaten
250 g Champignons
1 Dose kleine Maiskolben (300 g netto)
100 g Sojasprossen
½ dl Öl
2 Knoblauchzehen
½ dl Tamari (Sojasauce)

Chieng Mai ist die größte Stadt Nord-Thailands. Dort wird – wie überall im Fernen Osten – leckeres, knackiges Gemüse kurz gebraten oder halbgar gekocht serviert.
Die Zuckererbsen nicht zerschneiden, die Bohnen dagegen in kleine Stücke teilen. Den Blumenkohl und Brokkoli in kleine Rosetten zerpflücken, den Stiel in Würfelchen schneiden. Die Tomaten überbrühen, die Haut abziehen, das Tomatenfleisch in kleine Stücke schneiden. Champignons, Maiskolben und Sojasprossen ganz lassen.
Das Öl erwärmen und den zerdrückten Knoblauch hineingeben. Zuerst Erbsen (oder Bohnen), Blumenkohl und Brokkoli anschwitzen und ca. 5 Minuten im Öl wenden. Dann Tomaten, Champignons und Maiskolben dazugeben. Tamari hineingießen und das Gemüse weitere 5–10 Minuten schmoren lassen. Evtl. etwas Wasser aufgießen. Die Sojasprossen zuletzt hinzufügen, da sie nur erwärmt werden müssen.

▷ Servieren Sie dazu einen körnig gekochten oder gebratenen oder gebakkenen Reis.

Chinesische Frühlingsrollen

150 g Weizenmehl
50 g Sojamehl
4½ dl Milch
½ dl Sahne
3 EL Öl
evtl. 1 Ei

Füllung
1 große Zwiebel
300 g Weißkohl
1 Möhre
30 g Glasnudeln
Öl
100 g Sojasprossen
100 g Champignons
5 EL Tamari (Sojasauce)

Weizen- und Sojamehl sieben. Die Milch, die Sahne und das Öl (evtl. 1 Ei) hineinschlagen, zu einem ganz glatten Teig rühren und 1 Stunde ruhen lassen. Dann 10–18 Pfannkuchen ausbacken mit ca. 17 cm Durchmesser, die Pfannkuchen aber nur auf einer Seite backen.

Zwiebel und Weißkohl fein hacken, die Möhre reiben und die Nudeln in kleine Stücke brechen. Die vier Zutaten in Öl anschwitzen und zugedeckt 5 Minuten schmoren lassen. Die Sojasprossen in kleinere Stücke schneiden, Champignons hacken, zusammen mit Tamari unter das geschmorte Gemüse mischen und zugedeckt weitere 5 Minuten schmoren lassen. Die Gemüsefüllung auf den gebackenen Seiten der Pfannkuchen verteilen. Die Pfannkuchen an der Seite einschlagen und zusammenrollen. Dabei darauf achten, daß sie nicht zerreißen (der Pfannkuchenteig wird elastischer, wenn ein Ei hineingerührt wird). Die Frühlingsrollen in der Fritüre oder in Öl in der Pfanne braten. In der Pfanne werden sie mit Hilfe von zwei Holzspachteln gewendet.

▷ Körniger, gekochter Reis paßt gut zu den Frühlingsrollen. Falls von der Gemüsefüllung etwas übrig geblieben ist, kann diese unter den Reis gemischt oder separat dazu gereicht werden.

▷ Die Rollen können gut eingefroren werden: die Pfannkuchen füllen und rollen, einfrieren, erst vor dem Verzehr braten.

Indischer Topf mit Currybananen

50 g Butter
2 Knoblauchzehen
1 TL Ingwer
1 TL Koriander
½ TL Chilipulver
1 TL Gelbwurz
750 g Auberginen
200 g Zwiebeln
2 EL Mehl
½ l Gemüsebouillon
1–2 EL Mango Chutney
4 EL Kokosraspeln
50 g Rosinen
1 dl Sahne

Currybananen
3–4 Bananen
50 g Butter, 1 TL Curry
2 dl Joghurt, 50 g Mandeln

Die Butter schmelzen, zerdrückten Knoblauch und die Gewürze darin anschwitzen. Die Auberginen in kleine Würfel schneiden, Zwiebeln hacken und beides in die Butter geben, 5 Minuten schmoren lassen. Das Mehl darüberstreuen und mit Bouillon aufgießen. Mango Chutney, Kokosraspeln und Rosinen zusetzen und das Gericht bei schwacher Hitze zugedeckt 30–40 Minuten schmoren lassen. Danach mit der Sahne aufgießen.

Für die Currybananen feste, nicht ganz reife Bananen aussuchen. Die Bananen erst längs halbieren, dann einmal quer durchschneiden. Die Butter zerlassen, Curry darin anschwitzen, Bananenviertel dazugeben und auf jeder Seite einige Minuten braten. Joghurt hinzufügen und durchwärmen lassen. Die Mandeln überbrühen, häuten, halbieren und in einer trockenen Pfanne rösten, beim Servieren über das Gericht streuen.

▷ Reichen Sie körnigen Reis dazu.

Reisgericht mit gebackenen Bananen

400 g Vollreis
8 dl Wasser
4–5 Bananen
30 g Butter
2 TL Curry
4 EL Mehl
ca. 4 dl Milch oder Gemüsebouillon
50 g gehobelte Mandeln
Mango Chutney
100 g schwarze Oliven
1 Bund Petersilie

Den Reis in kochendes Wasser geben und ca. 40 Minuten kochen lassen. Die Bananen bei 200 Grad in den Ofen legen für ca. 10 Minuten, bis die Schalen schwarz sind. Die Butter zerlassen und Curry darin anschwitzen. Das Mehl hineinstreuen und mit Milch oder Bouillon eine Sauce rühren, aufkochen und evtl. mit Curry und Salz abschmecken. Die Mandeln in einer trockenen Pfanne rösten.
Den gargekochten Reis auf einer Servierplatte anrichten. Die Bananen schälen und auf den Reis legen. Auf jede Banane einen Löffel Mango Chutney verteilen und mit Mandeln bestreuen. Die schwarzen Oliven auf das Gericht setzen und zuletzt mit gehackter Petersilie bestreuen. Die Sauce wird separat dazu gereicht.
▷ Frischen Salat dazu servieren.

Chinesische Omeletts auf Reis

400 g Vollreis
6 dl Wasser

Omeletts
4 Eier, 8 EL Sahne
1 Bund Petersilie
Öl

Füllung
1 Zwiebel, Öl
200 g feingeschnittener Weißkohl
200 g Champignons
50 g Luzernesprossen oder
100 g Sojasprossen
2 EL Tamari (Sojasauce)

Den Reis waschen und in einem Topf trocken rösten, dann in eine Auflaufform geben und das kochende Wasser darübergießen. Die Form bei 180 Grad ca. 40 Minuten in den Ofen stellen, zwischendurch den Reis wenden und evtl. noch etwas Wasser nachgießen.
Die Eier, eines nach dem anderen, mit je 2 Eßlöffeln Sahne und gehackter Petersilie schlagen. 4 dünne Omeletts in etwas Öl ausbacken.
Die Zwiebel fein hacken und in Öl anschwitzen. Den geschnittenen Weißkohl und Champignonscheiben dazugeben, einige Minuten schmoren lassen, dann auch die Sprossen und Tamari hinzufügen. Das Gemüse auf den Hälften der Omeletts verteilen und zusammenfalten. Die gefüllten Omeletts auf den gegarten Reis legen und die Auflaufform nochmals in den Ofen schieben.
▷ Servieren Sie dazu eine süß-saure Schnittlauchsauce (Seite 115).

Süßkartoffeln (Bataten)
Sie sind bei uns nicht allzu gebräuchlich. Wie die gewöhnliche Kartoffel, mit der sie nicht verwandt sind, stammen auch diese aus Südamerika. Es sind recht große, längliche rosafarbene Knollen mit weißem Fleisch. Wie der Name andeutet, haben sie einen süßen Geschmack, ähnlich dem Geschmack von Möhren. Süßkartoffeln können gebacken, gekocht oder in dicker Sauce verwendet werden – ganz wie gewöhnliche Kartoffeln oder Möhren. Die Knollen sind reich an Vitamin A und C.

Süßkartoffeln in Gewürzsauce

2 Zwiebeln
1 Knoblauchzehe
5 EL Maisöl
800 g Süßkartoffeln
500 g Tomaten
1 TL geriebener Ingwer
4 Nelken
2 Lorbeerblätter
½ Messerspitze Koriander
½ Messerspitze Kardamom
1 Messerspitze Chilipulver
1 Bund Petersilie

Die Zwiebeln hacken und mit zerdrücktem Knoblauch leicht in Öl anschwitzen. Die Kartoffeln in kleine Würfel schneiden und dazugeben, einige Minuten schmoren lassen. Die Tomaten überbrühen, die Haut abziehen und das Tomatenfleisch in kleine Stücke schneiden. Geriebenen Ingwer, Nelken, Lorbeerblätter und die anderen Gewürze mit den Tomaten zu den Kartoffeln geben und so viel Wasser dazugießen, daß alles knapp bedeckt ist. Das Gemüse ca. 25 Minuten kochen, bis es zu dicken beginnt. Evtl. mit Salz abschmecken. Beim Servieren mit gehackter Petersilie bestreuen.
▷ Das Gericht kann mit körnigem Bulgur oder Reis oder evtl. mit geschnittenem Tang serviert werden. Wollen Sie auf eine Beilage verzichten, können grüne Erbsen oder gekochte weiße Bohnen dem Gericht beigegeben werden.

Indische Kohlrouladen mit Currysauce

150 g Vollreis
1 kleiner Weißkohl

Füllung
1 Zwiebel
3 EL Öl
1–2 TL Curry
1 TL Koriander
200 g Champignons
100 g Sojasprossen
30 g Mandeln
50 g Rosinen
1 dl Crème fraîche oder saure Sahne
2 EL gehackte Petersilie

Currysauce
25 g Butter
1–2 TL Curry
3 EL Mehl
3–4 dl Milch oder Kohlwasser

Den Reis in ca. 40 Minuten gar kochen. Die gröbsten äußeren Kohlblätter entfernen und den Kohlkopf in kochendem Wasser garen. Ca. 16–18 Blätter vorsichtig ablösen, sobald sie gar sind. Das Kochwasser für die Sauce aufheben.
Die Zwiebel hacken. Das Öl erhitzen, Curry darin anschwitzen, dann Koriander zufügen. Die Zwiebel dazugeben und etwas anschwitzen. Champignons fein hacken, Sojasprossen in kleinere Stücke schneiden und beides zusammen mit einigen dl geschnittenem Weißkohl zur Zwiebel geben, alles ca. 5 Minuten dünsten lassen. Die Mandeln überbrühen, enthäuten, grob hacken und unter das Gemüse mischen. Den gekochten Reis mit Rosinen dazumischen. dann etwas abkühlen lassen. Crème fraîche und Petersilie hinzugeben, mit Salz und evtl. noch zusätzlich Curry abschmecken.
Auf jedes Kohlblatt 1–2 Eßlöffel Füllung legen. Blätter zusammenrollen und die Kohlrouladen, mit dem Wickelende nach unten, in eine feuerfeste Form setzen. Mit 1½ dl Kohlwasser aufgießen und 15 Minuten bei 200 Grad in den Ofen stellen.
Für die Sauce die Butter im Topf zerlassen. Curry darin anschwitzen, das Mehl hineinstreuen und mit Milch oder Kohlwasser aufgießen. Gut durchkochen lassen und evtl. mit Salz und Curry abschmecken. Die Sauce wird separat zu den Rouladen gereicht.
▷ Gebratener Reis (Seite 99) oder gekochte Kartoffeln passen gut dazu.

Indischer Curry-Weißkohl

1 Weißkohl
3 EL Öl
1–2 TL Curry
1 große Zwiebel
½ l Kohlwasser oder Milch
Kuzu
1 TL gemahlener Koriander
8 Scheiben Ananas
50 g Rosinen
50 g geraspelte Mandeln
50 g Butter

Die dicksten äußeren Blätter entfernen und dann den Kohlkopf in kochendem Wasser garen. 10–12 Blätter vorsichtig vom Kopf ablösen, sobald sie gar sind. Den restlichen Kohlkopf gar kochen, dann abtropfen lassen (Wasser auffangen), den Strunk herausschneiden und den Kohl fein hacken.
Das Öl erhitzen und den Curry darin anschwitzen. Die Zwiebel hacken und im Öl dünsten. Kohlwasser oder Milch dazugießen und zum Kochen bringen. Mit Kuzu, in Wasser aufgelöst, andicken, aufkochen und mit Koriander und evtl. Salz abschmecken. Den gehackten Kohl in die Sauce geben.
Eine Schicht Kohlblätter in eine eingefettete Auflaufform legen, darauf die Hälfte der Sauce, der Ananasscheiben, Rosinen und Mandeln füllen. Wieder mit einer Schicht Kohlblättern bedecken und darauf die zweite Hälfte der Füllung geben. Mit einigen Kohlblättern obenauf abschließen. Butterflöckchen auf den Kohl setzen und bei 200 Grad ca. 15 Minuten im Ofen garen.
▷ Zu diesem Curry-Weißkohl passen Kümmelkartoffeln (Seite 105) sehr gut.

Chinesisches Gemüse

4 Möhren
3 Lauchstangen
1 Mairübe
1 Chinakohl
1 grüne Paprikaschote
250 g Champignons
250 g Sojasprossen
200 g Erbsen
½ dl Mais- oder Sonnenblumenöl
1–2 TL Curry
1 TL Koriander

Möhren, Lauchstangen und die Mairübe in feine Scheiben, Chinakohl und Paprikaschote in dünne Streifen schneiden. Champignons und Sprossen ganz verwenden.
Öl in einem Wok oder einer schweren Eisenpfanne erhitzen und die Gewürze hineingeben. Nacheinander die Gemüse jeweils 5 Minuten dünsten und an der Seite des Wok hochschieben, sobald sie halb gegart sind. Wenn alle Gemüse in der Pfanne sind, wieder auf den Pfannenboden schieben, evtl. etwas Wasser zusetzen, um sie noch einige Minuten schmoren zu lassen. Doch ist es wichtig, daß das chinesische Gemüse knackig bleibt. Evtl. mit Salz abschmecken.

▷ Je nach Belieben können mehr oder weniger Gemüsesorten als die hier erwähnten verwendet werden.

▷ Gebratener Reis (Seite 99) paßt sehr gut zu diesem Gericht.

Süß-saures Chinesisches Gemüse

200 g Zwiebeln
500 g Lauch
500 g Sellerie
5 EL Öl
3 EL Honig
1 TL Ingwer
½ TL Cayennepfeffer
½ dl Knoblauchessig
½ dl Wasser
1 EL Miso
400 g geschnittener Weißkohl
150 g Glasnudeln
50 g Mandeln

Zwiebel in Ringe, Lauch in kleine Streifen, Sellerie in fingerdicke Stücke schneiden. Das Öl erhitzen, Honig, Ingwer und Cayennepfeffer hineingeben. Das Gemüse im Öl anschwitzen, dann zugedeckt 5 Minuten dünsten lassen, bevor Knoblauchessig, Wasser und Miso zugefügt werden. Weitere 10 Minuten schmoren lassen, dann den geschnittenen Weißkohl und die Nudeln dazugeben. Sollte die Flüssigkeit in der Pfanne verdampft sein, etwas Wasser aufgießen. Das Gemüse einige Minuten wenden, bis die Nudeln weich sind.
Die Mandeln überbrühen, die Haut abziehen und die Kerne einmal durchschneiden. In einer trockenen Pfanne rösten und beim Servieren über das Gericht streuen.

Bengalisches Gemüse

500 g Auberginen
1 Daikon-Rettich (milde Rettichsorte)
150 g Kartoffeln
400 g Zucchini
250 g grüne Bohnen
½ dl Maisöl
1 dl Wasser
frischer, geriebener Ingwer
1 Banane
Honig
Natursenf

Die Auberginen, Rettich, Kartoffel und Zucchini in dünne Scheiben, die Bohnen in kleine Stücke schneiden. Das Öl in einer großen Pfanne oder einem großen Topf erhitzen und die Gemüse 5–10 Minuten darin anschwitzen. Dabei muß das Gemüse immer wieder gewendet werden, damit es nicht anbrennt. Das Wasser dazugeben und das Gemüse bei schwacher Hitze ca. 20 Minuten garen lassen. Mit frischem, geriebenem Ingwer nach Belieben würzen. Die Banane in Scheiben schneiden und in dem Gemüse in der Pfanne erwärmen. Mit Honig und Natursenf abschmecken.

▷ Als Beilage kann Reis gereicht werden.

▷ Daikon-Rettich ist eine gleichmäßig lange, weiße Rettichart mit einem intensiven, aber milden Geschmack. Er ähnelt dem bei uns handelsüblichen Rettich.

Java-Topf

200 g Zwiebeln, Öl
2 TL Curry, 8 dl Wasser
400 g Vollreis
300 g Möhren, 400 g Lauch
3–4 EL Tamari (Sojasauce)
250 g Erbsen

Die Zwiebeln hacken und in Öl anschwitzen. Curry und Wasser dazugeben und den Reis darin 40 Minuten kochen. Nach 25 Minuten Kochzeit Möhrenscheiben, in feine Streifen geschnittenen Lauch und Tamari in den Reis geben, evtl. etwas Wasser nachgießen, 5 Minuten vor Ende der Kochzeit die Erbsen unterheben. Evtl. mit Salz abschmecken.

▷ Halbierte hartgekochte Eier, würziger Rotkohl (Seite 110) oder ein Salat ergänzen dieses Gericht sehr gut.

Pasteten und Frikadellen

Pflanzenpasteten, -frikadellen, -karbonaden sind wohlschmeckende, preiswerte und praktische Gerichte. Kartoffelspeisen oder andere Beilagen, wie sie im Abschnitt auf Seite 99ff. beschrieben sind, passen ausgezeichnet dazu.
Pasteten und Frikadellen eignen sich auch als Brotbelag, oder man verwendet die Farcen als Füllung von Auberginen, Zucchini, Paprikaschoten usw. Die beschriebenen Farcen lassen sich alle einfrieren. Sie können also ruhig größere Portionen auf einmal zubereiten. Am besten garen Sie die Farce vor dem Einfrieren, Sie können sie aber auch »roh« ins Tiefkühlfach geben.

Möhrenpastete

150 g Vollreis
1 Zwiebel
1 große grüne Paprikaschote
600 g Möhren, Öl
100 g gehackte Walnüsse
1 Bund Petersilie
2 EL Sojamehl, 50 g Grahammehl
1 EL frisches, gehacktes Basilikum
2 Eier

Den Reis in ca. 40 Minuten in kochendem Wasser garen. Zwiebel und Paprikaschote fein hacken, die Möhren grob raspeln und ca. 15 Minuten in Öl dünsten. Den gekochten Reis, die gehackten Walnüsse, gehackte Petersilie, Sojamehl, Grahammehl und Basilikum zu dem Gemüse geben, gut mischen. Die Eier, eines nach dem anderen, hineinarbeiten. Ist die Farce zu weich, noch etwas Grahammehl dazugeben. Evtl. mit Salz abschmecken. Die Farce in eine geölte Form füllen und im Ofen bei 200 Grad ca. 40–50 Minuten durchbacken.

Selleriepastete

600 g Sellerie
250 g Kartoffeln
2 Eier
4 EL frischer, gehackter Liebstöckel
1 EL frisches, gehacktes Basilikum
200 g Granola
1 Avocado
2 EL Zitronensaft
Öl

Sellerie und Kartoffeln schälen, in kleine Würfel schneiden und gar kochen. Das Kochwasser abgießen, das Gemüse durch ein Sieb streichen. Das etwas abgekühlte Gemüse-Püree mit den Eiern, Kräutern und Granola verrühren. Evtl. mit Salz abschmecken. Die Avocado schälen, in Scheiben schneiden und in Zitronensaft wenden.
Eine längliche Back- oder Pastetenform mit Öl auspinseln. Die Hälfte der Farce hineinfüllen, die Avocadoscheiben daraufschichten und den Rest der Farce darübergeben. Bei 200 Grad im Ofen ca. 40 Minuten goldbraun backen.

Mungobohnenpastete

(8 Personen)

180 g Mungobohnen
250 g Lauch
150 g Champignons
1 Knoblauchzehe
Maisöl
1 EL Zitronensaft
2 dl Sahne
2 Eigelb
3 ganze Eier
100 g gequetschter Buchweizengrieß
100 g Granola
½ EL frischer, gehackter Estragon
12 gefüllte Oliven

Die Mungobohnen waschen, einige Stunden weichen lassen und dann im Einweichwasser ca. 30 Minuten kochen. Den Lauch in feine Streifen schneiden, die Champignons fein hacken und beides zusammen mit zerdrücktem Knoblauch in Öl anschwitzen. Den Zitronensaft dazugeben und das Gemüse ca. 10 Minuten schmoren lassen.

Das Bohnenwasser abgießen, die Bohnen mit der Sahne im Mixer pürieren. Lauch und Champignons mit Eigelb und ganzen Eiern ebenfalls im Mixer pürieren. Bohnen- und Gemüsepüree, Buchweizengrieß, Granola und Estragon miteinander verrühren. Evtl. mit Salz und Pfeffer abschmecken. Die Masse in eine große, eingefettete Pastetenform (oder in zwei kleinere) füllen. Wer die gebackene Pastete vor dem Servieren stürzen will, um sie in Scheiben schneiden zu können, legt die Form vor dem Füllen mit einer Alufolie bis über die Ränder aus. Die Oliven in Scheiben schneiden und senkrecht in die Pastete stecken. Bei 180 Grad ca. 40–50 Minuten im Ofen durchbacken.

▷ Es lohnt sich nicht, eine kleinere Portion als die hier beschriebene zuzubereiten. Diese Pastete eignet sich sehr gut zum Einfrieren, sie wird ungebakken eingefroren. Vor dem Gebrauch auftauen lassen und, wie oben beschrieben, backen.

▷ Diese Portion reicht 6–8 Personen als warmes Mittagessen. Es können ein kalter Kartoffelsalat oder Stangenbrot und ein großer gemischter Salat dazu serviert werden.

▷ Die kalte Pastete ist, in Scheiben geschnitten, ein schmackhafter Brotbelag.

Bohnenpastete

200 g braune Bohnen
2 Zwiebeln
200 g Möhren
200 g Sojasprossen
Öl
1 Bund Petersilie
50 g gehackte Sonnenblumenkerne
½ EL frischer, gehackter Salbei
1 EL frischer, gehackter Majoran
50 g Buchweizenmehl
2 Eier

Die Bohnen waschen und über Nacht einweichen. Im Einweichwasser 50 Minuten kochen. Die Bohnen zerdrücken oder im Mixer pürieren. Zwiebeln hakken, Möhren grob raspeln, Sojasprossen in kleinere Stücke schneiden. Alle drei Zutaten in Öl 10 Minuten dünsten. Anschließend das Gemüse mit dem Bohnenpüree verrühren. Petersilie und Sonnenblumenkerne hacken und zusammen mit den Kräutern und dem Buchweizenmehl in das Bohnenpüree geben, gut vermischen. Dann die Eier, eines nach dem anderen, hineinarbeiten. Wenn die Farce zu weich geraten ist, zusätzlich noch etwas Buchweizenmehl hinzufügen. Evtl. mit Salz abschmecken. Die Farce in eine mit Öl bestrichene Form füllen und bei 200 Grad ca. 40–50 Minuten im Ofen backen.

Lauchpastete

500 g Lauch
1 Zwiebel
Öl
1 dl Granola
50 g Buchweizenmehl
50 g gehackte Haselnüsse
2 Eier
2 dl Sahne
1 TL zerriebener Thymian

Lauch und Zwiebel in feine Ringe schneiden und in Öl ca. 15 Minuten glasig dünsten. Granola, Buchweizenmehl, Nüsse, Eier, Sahne und Thymian gut schlagen und mit dem leicht abgekühlten Gemüse vermischen. Evtl. mit Salz abschmecken. Die Pastetenmasse in eine gefettete, mit Granola bestreute Form füllen und im Ofen bei 180 Grad 40–50 Minuten backen.

Champignonpastete

200 g Vollreis
300 g Champignons
1 Zwiebel
Öl
1 EL Zitronensaft
1 Möhre
1 Rote Bete
1 TL zerriebener Thymian
½ TL zerriebener Estragon
1 dl Sahne
2 EL Sojamehl
2 Eier
ca. 100 g Granola

Den Reis in ca. 40 Minuten in kochendem Wasser garen.
Champignons und Zwiebel sehr fein hakken und in Öl anschwitzen, den Zitronensaft dazugießen. Die Möhre in sehr feine Streifen schneiden, die Rote Bete grob raspeln und beides zu den Pilzen geben. Bei schwacher Hitze ca. 5 Minuten schmoren lassen. Den gekochten Reis mit dem Gemüse vermischen und Kräuter, Sahne, Sojamehl und Eier hineinrühren. Dabei so viel Granola dazugeben, daß die Masse so dick wie gewünscht wird. Die Mischung in eine gefettete Form füllen und im Ofen bei 200 Grad ca. 50 Minuten durchbacken.

Bohnenbraten in Blätterteig

200 g rote Kidneybohnen
300 g Tomaten
2 EL gehackter Schnittlauch
1 Bund Petersilie
1–2 Knoblauchzehen
2 kleine Eier
ca. 50 g Granola
evtl. Sahne
1 kleine Paprikaschote
200 g Champignons
Öl
2 Platten Tiefkühl-Blätterteig

Die Bohnen über Nacht einweichen. Im Einweichwasser 50 Minuten kochen, dann im Mixer pürieren. Die Tomaten überbrühen, die Haut abziehen und das Tomatenfleisch in kleine Stücke schneiden. Das Bohnenpüree mit den Tomaten, Schnittlauch, gehackter Petersilie, zerdrücktem Knoblauch und geschlagenen Eiern vermischen (etwas Ei zum Bepinseln aufheben). Die Farce mit Granola und evtl. etwas Sahne verrühren, bis sie die gewünschte Konsistenz hat. Evtl. mit Salz abschmecken.
Die Paprikaschote in hauchdünne Streifen schneiden, die Champignons hacken und zusammen in Öl 5 Minuten anschwitzen.
Die Blätterteigplatten auftauen, am Rand ein wenig übereinanderlegen und zu einem Rechteck dünn ausrollen. Die Hälfte der Paprika-Champignon-Mischung auf die Mitte des Teiges verteilen, darüber die Farce streichen und mit der restlichen Paprika-Champignon-Mischung abschließen. Den Teig über der Füllung zusammenfalten, das Teigpaket mit der Teignaht nach unten in eine eingefettete, feuerfeste Form setzen und mit dem restlichen Ei bepinseln. Den Bohnenbraten im 215 Grad heißen Ofen ca. 20 Minuten goldbraun backen.

Grüne Pastete

500 g Grünkohl
500 g Lauch
Maisöl
150 g Vollreis
1 dl Gemüsebouillon
1 Bund Petersilie
100 g Granola
100 g Vollweizenmehl
2 Eier
1 TL zerriebener Thymian
1 TL zerriebener Majoran

Den Grünkohl ca. 8 Minuten in kochendem Wasser blanchieren, abtropfen lassen. Die gröbsten Stiele entfernen, dann den Kohl mit einem Messer grob hacken. Den Lauch in feine Streifen schneiden und in Öl anschwitzen, zugedeckt ca. 15 Minuten schmoren lassen. Den Reis ca. 40 Minuten kochen.
Grünkohl, Lauch und Reis mit Bouillon verrühren. Die gehackte Petersilie, Granola und das Mehl dazugeben. Die Eier, eines nach dem anderen, daruntermischen. Mit zerriebenem Majoran und Thymian und evtl. etwas Salz abschmekken. Die Masse in eine gefettete Form füllen, bei 200 Grad im Ofen 40–50 Minuten durchbacken.

Linsen-Reis-Karbonaden

1 große Kartoffel
100 g Linsen
50 g Vollreis
½ dl Wasser
1 Zwiebel
2 Tamari (Sojasauce)
1 EL frisches, gehacktes Basilikum
100 g Maismehl
1 großes Ei
evtl. Milch
Öl

Die Kartoffel schälen und in kleine Würfel schneiden. Linsen, Reis und Kartoffelwürfel ca. 40 Minuten kochen. Evtl. etwas Wasser nachgießen. Nach dem Kochen überschüssiges Wasser abgießen. Linsen, Reis und Kartoffeln zerdrücken und durch ein grobes Sieb streichen. Das Püree mit feingehackter Zwiebel, Tamari, Basilikum, Maismehl und Ei verrühren. Ist die Farce zu fest, etwas Milch zusetzen (darf aber nicht zu weich werden). Ca. 10 Karbonaden formen und in sehr heißem Öl auf beiden Seiten goldbraun braten.

Maiskroketten

350 g Mais
50 g Grahammehl
100 g Haferflocken
ca. 100 g Granola
zusätzlich Granola zum Panieren
½ EL frischer, gehackter Estragon
Öl

Den Mais im Mixer pürieren (Kolbenmais oder gefrorener Mais wird vorher gar gekocht. Dosen-Mais wird ohne Kochen püriert). Das Maispüree mit Grahammehl, Haferflocken und so viel Granola verrühren, daß die Farce die gewünschte Konsistenz erhält. Gehackten Estragon in die Farce geben und evtl. mit Salz abschmecken. Mit zwei Löffeln ca. 12 Kroketten aus der Farce formen, in Granola wenden und in sehr heißem Öl auf beiden Seiten goldbraun braten.

Hirsekroketten

1 große Kartoffel
1 l Wasser
200 g Hirse
1 Zwiebel, 50 g Erdnüsse
Granola
1 EL frisches, gehacktes Bohnenkraut
Öl

Die Kartoffel schälen und in kleine Würfel schneiden. Das Wasser zum Kochen bringen, Kartoffelwürfel und Hirse darin in 30 Minuten garen. Evtl. etwas Wasser nachgießen. Die Kartoffelwürfel in der Hirse ganz zerdrücken und die Masse abkühlen lassen. Die Zwiebel fein hakken und zusammen mit den gemahlenen Erdnüssen in das Kartoffel-Hirse-Püree geben. Ist die Farce zu weich, etwas Granola hineinrühren. Es kann auch ein Ei zugesetzt werden. Mit Bohnenkraut und evtl. Salz abschmecken. 16–18 Kroketten formen, in Granola wenden und auf beiden Seiten in sehr heißem Öl goldbraun braten. Zum Schluß die Hitze reduzieren und die Kroketten auf jeder Seite noch einige Minuten weiterbraten.

▷ Diese Portion ist für 4 Personen berechnet. Da aber die Hirsekroketten sehr gut schmecken, ist es oft ratsam, eine größere Portion zuzubereiten. Reste können evtl. als Brotbelag verwendet werden.

Weizenfrikadellen

300 g Weizenkörner
200 g Kartoffeln
1 Zwiebel
1 EL frisches, gehacktes Basilikum
1 Ei
200 g gehackte Mandeln, Nüsse oder Sonnenblumenkerne
ca. ½ dl Milch
2 EL Tamari (Sojasauce)
Öl

Den Weizen waschen, über Nacht einweichen und im Einweichwasser ca. 1 Stunde kochen. Die Kartoffeln schälen, in Würfel schneiden und in den letzten 30 Minuten der Kochzeit zum Weizen geben. Überschüssiges Kochwasser abgießen. Weizen und Kartoffeln im Mixer pürieren. Das Püree mit feingehackter Zwiebel, Basilikum, dem Ei, Mandeln, Milch und Tamari verrühren. Nach Belieben mit Salz und Pfeffer abschmecken. Die Farce muß ziemlich fest gehalten sein. 13–14 flache Frikadellen formen und in sehr heißem Öl auf beiden Seiten goldbraun braten.

Würzige Linsen-Nuß-Frikadellen

125 g braune Linsen
1 große Zwiebel
85 g Hasel- oder Cashewnüsse
1 TL frischer, geriebener Ingwer
½–1 TL Cayennepfeffer
1 EL Tamari (Sojasauce)
100 g Granola
3 EL Sojamehl
1 Ei, Öl

Die Linsen waschen (nicht einweichen) und in ca. 25–30 Minuten gar kochen, dann im Mixer pürieren. Die Zwiebel reiben, Nüsse hacken und beides zusammen mit dem Linsenpüree, Ingwer, Cayennepfeffer, Tamari, Granola, Sojamehl und Ei verrühren. Ist die Farce zu weich, etwas mehr Granola dazumischen. Nach Belieben mit Salz abschmecken. Aus der Farce ca. 15 flache Frikadellen formen. In sehr heißem Öl auf beiden Seiten goldbraun braten.

Gebratener Tofu

12–16 Scheiben getrockneter Tofu
Öl

Tofu in reichlich Wasser 8 Stunden einweichen. Frischer Tofu oder Tofu aus dem Glas braucht nicht eingeweicht zu werden. Das Wasser mit leichtem Druck aus den eingeweichten Scheiben herauspressen und in Öl auf beiden Seiten goldbraun braten.

Grüne Festessen

Die meisten Gerichte dieses Buches können miteinander kombiniert und zu Menüs mit mehreren Gängen zusammengestellt werden, z. B. zu festlichen Anlässen. Wollen Sie jedoch etwas wirklich Außergewöhnliches servieren, so sehen Sie sich die folgenden Vorschläge für 5 Gäste-Menüs und ein kaltes Buffet an.

Menü 1

Gefüllte Weinblätter

Gestreifte Pastete

Gefüllter Mandelkuchen

Gefüllte Weinblätter
Dolmades

12 große Weinblätter (oder entsprechend mehr kleinere)
100 g Vollreis, 2 dl Wasser

Füllung
1 kleine Zwiebel, Öl
80 g Pfifferlinge, Champignons oder andere Pilze, 2 EL Tomatenpüree
3 EL Crème fraîche oder saure Sahne
1 EL gehackte Petersilie
1 EL geschnittener Dill

2 dl Gemüsebouillon, 1 Zitrone

Verwenden Sie am besten frische Weinblätter. Wer sich im Herbst große Weinblätter besorgt, kann sie auch einfrieren. In diesem Fall die Blätter 8 Minuten kochen, abkühlen lassen und in passenden Portionen für den späteren Gebrauch ins Tiefkühlfach legen. In Feinkostläden sind konservierte Weinblätter erhältlich, aber sie halten keinem Vergleich mit frischen oder eingefrorenen stand.
Den Stiel der Weinblätter entfernen, die Blätter 8 Minuten in kochendes Wasser legen, dann gut abtropfen lassen. Den Reis in ca. 40 Minuten gar kochen.
Die Zwiebel fein hacken und in Öl anschwitzen. Pilze in sehr kleine Stücke schneiden und dazugeben, 5 Minuten schmoren lassen. Das Zwiebel-Pilze-Gemisch mit Tomatenpüree, der Crème fraîche und Kräutern in den Reis rühren. Evtl. mit Salz und Pfeffer abschmecken.
1 Eßlöffel der Füllung auf jedes Weinblatt verteilen, die Seiten einschlagen und die Blätter zusammenrollen. Bei kleineren Blättern legen Sie am besten 2–3 Blätter etwas verschoben nebeneinander, die dann zusammen um die Füllung gerollt werden. Die Röllchen in eine feuerfeste Form setzen, mit kochender Bouillon aufgießen. Die Zitrone in dünne Scheiben schneiden und auf die Röllchen legen. 20 Minuten bei 200 Grad im Ofen garen.
▷ Servieren Sie dazu eine Zitronensauce (Seite 115).

Gestreifte Pastete

200 g geriebener Emmentaler
2 dl Sahne, 3 Eier
Granola
400 g Möhren
1 TL zerriebener Thymian
300 g Spinat
Öl
1 Knoblauchzehe
geriebene Muskatnuß

Den geriebenen Emmentaler mit Sahne und 1 Ei verrühren. Eine Pasteten- oder Kastenform gut einfetten und mit Granola ausstreuen. Verwenden Sie dabei reichlich Granola, die Schicht darf nicht zu dünn sein. Die Käsemasse in die Form gießen und bei 180 Grad ca. 15 Minuten im Ofen vorbacken.
Die Möhren halbgar kochen und auf der Rohkostreibe reiben, mit Thymian und 1 Ei verrühren. Die Möhrenmasse über den vorgebackenen Käse verteilen, dann weitere 15 Minuten in den Ofen schieben.
Den Spinat in Öl und zerdrücktem Knoblauch gar dämpfen. Mit geriebener Muskatnuß abschmecken. Das letzte Ei in den etwas abgekühlten Spinat rühren, den Spinat über die Möhren in der Form verteilen und nochmals 20 Minuten in den Ofen stellen, bis die Spinatmasse steif geworden ist. Die Pastete aus dem Ofen nehmen und 5–10 Minuten ruhen lassen, bevor sie auf eine Servierplatte gestürzt wird.
▷ Gebackene Kartoffeln und ein gemischter Salat passen ausgezeichnet dazu.

Gefüllter Mandelkuchen

2 Eier, 60 g Butter
50 g Rohzucker
200 g gekochte Kartoffeln
2 EL Weizenmehl
1 TL Backpulver
80 g Mandeln
Granola

Füllung
1 dl frisch gepreßter Orangensaft
1 TL Agar-Agar
evtl. Honig, 2 dl Sahne
4 Mandarinen

Eigelb schaumig schlagen. Weiche Butter und Zucker verrühren und in die Eiermasse schlagen. Die Kartoffeln fein reiben und zusammen mit Weizenmehl und Backpulver in den Teig einarbeiten. Die Mandeln hacken und dazugeben. Eiweiß steif schlagen und vorsichtig unter den Teig heben. Mit dem Teig zwei eingefettete, mit Granola ausgestreute runde Kuchenformen auslegen. Die Kuchenböden im Ofen bei 180 Grad in 30 Minuten goldbraun backen.
Den ausgepreßten Orangensaft mitsamt den Fasern mit Agar-Agar verrühren und kurz aufkochen lassen. Evtl. mit etwas Honig süßen. Die Sahne steif schlagen. Wenn der Orangengelee fast steif ist, einmal durchschlagen und unter die Sahne mischen. Die Hälfte der Sahnecreme auf einen Kuchenboden verteilen, Mandarinenstücke daraufsetzen und mit dem zweiten Kuchenboden bedecken. Die restliche Creme auf die Oberfläche streichen, mit Mandelblättchen bestreuen.

Menü 2

Nußbohnen

Französische Gemüsetorte

Kirschkuchen

Nußbohnen

400 g feine grüne Bohnen
50 g Cheddar Käse
50 g Nüsse
1 EL frisches, gehacktes Basilikum
4 EL Olivenöl
25 g Butter
4 Salatblätter

Die Stengel von den Bohnen entfernen, 5 Minuten in kochendem Wasser garen, dann abtropfen lassen. Den Käse raspeln und die Nüsse grob hacken. Beides mit Basilikum und Öl verrühren. Evtl. mit Salz und Pfeffer abschmecken. Die Butter schmelzen und die Bohnen darin wenden, bis sie durchgewärmt sind. Auf den Salatblättern anrichten. Kurz vor dem Servieren die Nußpaste darauf verteilen.

Französische Gemüsetorte

Ca. 400 g Tiefkühl-Blätterteig
400 g Brokkoli oder Blumenkohl
250 g Kartoffeln
1 Bund Schnittlauch
1 Zwiebel
2 EL Öl
2½ dl Sahne
Kuzu oder Speisestärke
Muskatnuß
50 g schwarze, entkernte Oliven
½ Ei

Den Blätterteig auftauen und ausrollen. Mit gut der Hälfte des Teiges eine eingefettete Pieform auslegen, den Teig am Rand hochdrücken. Mit einer Gabel Löcher in den Teigboden stechen, dann 15 Minuten bei 200 Grad im Ofen vorbacken.
Den Brokkoli in kleine Rosetten zerteilen, die Stiele in kleine Würfel schneiden. Beides 7 Minuten in kochendem Wasser garen, dann gut abtropfen lassen. Die Kartoffeln auf der Rohkostreibe in dünne Scheiben schneiden, 5 Minuten in kochendem Wasser garen und ebenfalls gut abtropfen lassen. Die Kartoffelscheiben auf dem vorgebackenen Boden verteilen, Brokkoli darüberschichten und mit feingehacktem Schnittlauch bestreuen.
Die Zwiebel hacken und in Öl anschwitzen. Die Sahne dazugießen und zum Kochen bringen. Kuzu oder Speisestärke in etwas Wasser anrühren und die Sahne damit binden, die Sauce soll recht dick sein. Mit geriebener Muskatnuß und evtl. Salz und Pfeffer abschmecken. Diese Sauce in die Form gießen und die schwarzen Oliven darauf verteilen.
Den Rest des Teiges ausrollen und als Deckel darüberlegen. Die Ränder gut zusammendrücken und in der Mitte ein Kreuz zum Dampfabzug einritzen. Die Teigoberfläche mit verquirltem Ei bestreichen und in 20–25 Minuten fertigbacken, die Oberfläche soll goldbraun sein.
▷ Servieren Sie dazu Sojasprossen- und Tomatensalat.

Kirschkuchen

Ca. 200 g Kirschen aus dem Glas
1 dl Kirschwein (evtl. Saft)
50 g Rosinen
125 g Butter
50 g Rohzucker
3 Eier
190 g Mehl
1½ TL Backpulver
50 g Mandeln
75 g Mandelmakronen

Die Kirschen abtropfen lassen und zusammen mit den Rosinen im Kirschwein über Nacht stehen lassen (wird Saft verwendet, nur die Rosinen einweichen).
Butter und Zucker gut verrühren. Dabei die Eier, eines nach dem anderen, dazugeben. Mehl und Backpulver hineinsieben und 2 Eßlöffel Wein oder Saft zusetzen. Die Mandeln hacken und die Hälfte davon unter den Teig mischen. Mit der Hälfte des Teiges eine eingefettete Springform auslegen. Makronen zerbröseln, mit 2 Eßlöffel Wein oder Saft vermischen und die Makronenmasse auf den Teig streichen. Die Hälfte der restlichen Mandeln darüberstreuen.
Die Flüssigkeit aus den Kirschen und Rosinen gut ausdrücken und die Früchte auf dem Kuchen verteilen. Den verbliebenen Teig ausrollen und auf die Füllung heben. Die übrigen Mandeln darüberstreuen. Den Kuchen auf der untersten Schiene bei 200 Grad ca. 40 Minuten im Ofen backen.
▷ Servieren Sie ihn lauwarm oder kalt mit Crème fraîche.

Menü 3

St. Laurentius Lauchsuppe

Italienischer Bohnentopf

Fruchtparfait

Die Vorspeise zu diesem Menü ist ein sehr altes Rezept, das aus einem Mönchsorden in Florenz stammt. Die Mönche aßen diese Suppe einmal im Jahr – am Tag des heiligen Laurentius.

St. Laurentius Lauchsuppe

400 g feine Lauchstangen
4 EL Öl
2 EL Mehl
ca. 1 l Gemüsebouillon
4 kleine Weißbrotscheiben
40 g Sonnenblumenkerne
50 g geriebener Parmesan

Den Lauch in feine Ringe schneiden und in Öl glasig dünsten. Mit Mehl bestreuen und unter ständigem Rühren die Bouillon aufgießen, bei schwacher Hitze ca. 40 Minuten kochen lassen.
Die Brotscheiben kräftig toasten und in eine Suppenterrine legen oder in 4 Suppenschälchen verteilen. Die Sonnenblumenkerne mahlen und über die Brotscheiben streuen. Die Suppe darübergießen und mit Käse bestreuen.

Italienischer Bohnentopf

100 g Kidneybohnen
200 g Zwiebeln
250 g Champignons
500 g Auberginen
400 g Tomaten
1 Knoblauchzehe
Öl

Sauce
30 g Butter
3 EL Mehl
4 dl Milch
evtl. Salz und Pfeffer

1 TL zerriebener Rosmarin
1 TL zerriebener Majoran
150 g Emmentaler

Die Bohnen über Nacht einweichen, in ca. 45 Minuten gar kochen und gut abtropfen lassen. Die Zwiebeln in Viertel schneiden, die Champignons halbieren, Auberginen und Tomaten in Scheiben schneiden. Das Gemüse portionsweise zusammen mit zerdrücktem Knoblauch in Öl andünsten.
Die Butter zerlassen, das Mehl dazugeben und ganz leicht bräunen lassen. Mit kochendheißer Milch aufgießen. Die Sauce nach Belieben mit Salz und Pfeffer abschmecken.
In eine Auflaufform Gemüse, Bohnen, Kräuter, Käsescheiben und Sauce nacheinander einschichten. Die oberste Schicht muß aus Sauce und Käse bestehen. Bei 200 Grad im Ofen ca. 20 Minuten gratinieren, die Oberfläche soll goldbraun sein.
▷ Dazu paßt ein grüner Salat.

Fruchtparfait

50 g Nüsse
2 Pfirsiche
2 Scheiben Ananas
2 Eigelb
4 EL Rohzucker
1 Eiweiß
2½ dl Sahne

Die Nüsse fein hacken. Die Pfirsiche kurz überbrühen, die Haut abziehen und das Fruchtfleisch in kleine Stücke schneiden. Auch die Ananasscheiben in kleine Stükke schneiden. Eigelb und Zucker schaumig, Eiweiß und Sahne getrennt steif schlagen. Die Nüsse und die Fruchtstükke zu dem Eigelbschaum geben, dann Sahne und Eiweiß vorsichtig unterheben. Die Creme in eine Form gießen und einen Tag vor dem Verzehr ins Gefrierfach stellen. Vor dem Servieren leicht antauen lassen.

Menü 4

Griechischer Auberginensalat

Gratinierte Pfannkuchen

Karamelpfirsiche

Griechischer Auberginensalat

1 Aubergine
1 grüne Paprikaschote
2 Tomaten
1 kleine Schalotte
1 Knoblauchzehe
4 EL gehackte eingelegte Senfgurke
1 Bund Petersilie
½ dl Crème fraîche oder saure Sahne
4 Salatblätter
8 schwarze Oliven

Die Aubergine im 180 Grad heißen Ofen ca. 35 Minuten garen. Die Haut abziehen und das Fruchtfleisch in kleine Würfel schneiden. Evtl. grobe Kerne entfernen. Die Paprikaschote fein hacken. Die Tomaten überbrühen, die Haut abziehen und das Fleisch in kleine Stücke schneiden. Die Schalotte reiben und den Knoblauch pressen. Das ganze Gemüse mit Senfgurke und gehackter Petersilie mischen. Crème fraîche unterheben. Evtl. mit Salz und Pfeffer abschmecken. Vor dem Servieren kalt stellen. Den Salat in Portionen auf Salatblättern mit Oliven anrichten.

▷ Verwenden Sie den Salat als Füllung von Pittabroten (Seite 55).

Gratinierte Pfannkuchen

Pfannkuchen

100 g Vollweizenmehl
2 Eier
2 EL Öl
ca. 3 dl Milch
2 EL Sesamsamen
evtl. ½ TL Salz
Butter zum Backen

Avocadocreme

2 reife Avocados
ca. ¾ dl Sahne
1 TL Thymian

350 g grüner Spargel
3½ dl Milch und Spargelwasser
Speisestärke oder Kuzu
80 g Emmentaler

Aus Mehl, Eiern, Öl und Milch einen glatten Teig rühren. Sesamsamen und evtl. Salz dazugeben. Den Teig eine halbe Stunde ruhen lassen, dann 12 dünne Pfannkuchen in Butter ausbacken.
Avocados halbieren, das Fleisch herauslösen, mit einer Gabel zerdrücken und mit der Sahne glattrühren. Mit Thymian und evtl. etwas Salz abschmecken. Den Spargel (nicht schälen) 8 Minuten in kochendem Wasser garen, dann gut abtropfen lassen.
Jeden Pfannkuchen mit 1–2 Eßlöffeln der Avocadocreme bestreichen. 2–3 Spargelstangen darauflegen, die Pfannkuchen zusammenrollen und in eine eingefettete Auflaufform legen. Milch und Spargelwasser zum Kochen bringen und mit etwas in Wasser aufgelöster Speisestärke oder Kuzu andicken. Die Sauce einige Minuten kochen lassen, dann über die Pfannkuchen gießen. Den Käse reiben und über die Sauce streuen. Die Pfannkuchen bei 200 Grad ca. 15 Minuten im Ofen gratinieren.

▷ Reichen Sie dazu einen oder zwei Salate.

Karamelpfirsiche

4 Pfirsiche
50 g Nüsse
150 g feingehackte Feigen
2 dl Sahne
85 g Rohzucker

Die Pfirsiche mit kochendem Wasser übergießen, ca. 5 Minuten stehen lassen, dann die Haut abziehen und die Früchte in eine feuerfeste Form setzen. Gehackte Nüsse und Feigen darüberstreuen. Die Sahne steif schlagen und über die Pfirsiche verteilen. Mit Zucker bestreuen und einige Minuten unter den Grill stellen, bis der Zucker geschmolzen und goldbraun geworden ist. Das Dessert gleich servieren.

Menü 5

Zucchini mit Fenchelfüllung

Kalte Kräuterpastete
mit Nuß-Oliven-Sauce

Crêpes mit Pflaumen-Walnuß-Mus

Zucchini mit Fenchelfüllung

2 große Zucchini
Öl
Brunnenkresse

Fenchelfüllung
1 Fenchel
4 EL magere Mayonnaise
8 EL Crème fraîche oder saure Sahne
1 EL frisches, gehacktes Basilikum
75 g Emmentaler

Die Zucchini mit Öl bestreichen, in Alufolie einwickeln und im 200 Grad heißen Ofen ca. 25 Minuten backen. Nach dem Abkühlen der Länge nach halbieren und die Kerne herauslösen.
Stiel und Kraut von der Fenchelknolle abschneiden (das Kraut aufheben). Den Fenchel halbieren, 10 Minuten kochen, abkühlen lassen und in kleine Würfel schneiden. Die Mayonnaise mit Crème fraîche und gehacktem Basilikum verrühren. Den Käse in kleine Würfel schneiden und zusammen mit den Fenchelwürfeln und gehacktem Fenchelkraut zu der Mayonnaise geben. Evtl. mit Salz abschmecken.
Die Zucchinihälften füllen und mit reichlich Brunnenkresse garnieren. Portionsweise servieren.

Kalte Kräuterpastete

200 g Linsen
1 große Zwiebel
50 g Haselnüsse
30 g Sonnenblumenkerne
2 EL frisches, gehacktes Basilikum
4 EL frischer, gehackter Liebstöckel
1 EL frischer Thymian
1½–2 dl Sahne
3 Eier
1 große Tomate
1 Bund Petersilie

Die Linsen waschen, ca. 30 Minuten kochen und anschließend im Mixer pürieren. Die Zwiebel reiben, Nüsse und Sonnenblumenkerne mahlen, mit den Kräutern zu den Linsen geben. Die Sahne hinzufügen und die Eier, eines nach dem anderen, hineinrühren, evtl. mit Salz abschmecken. Die Masse in eine eingefettete Form füllen, bei 200 Grad ca. 50–60 Minuten im Ofen garen. Die Pastete abkühlen lassen und vor dem Servieren mit Tomatenscheiben und gehackter Petersilie garnieren.

▷ Reichen Sie Stangenbrot oder Kartoffeln und die folgende Nuß-Oliven-Sauce dazu.

Nuß-Oliven-Sauce

½ l Milch oder Gemüsebouillon
50 g schwarze Oliven ohne Stein
30 g Nüsse
30 g Butter, 3 EL Mehl
Zitronensaft

Milch oder Bouillon zusammen mit den gehackten Oliven und gehackten Nüssen zum Kochen bringen. Mit Mehlbutter andicken, aufkochen und mit Zitronensaft und evtl. Salz abschmecken.

Crêpes mit Pflaumen-Walnuß-Mus

Teig
60 g Buchweizenmehl
2 EL Weizenmehl, 2½ dl Milch
1 Ei, 40 g Butter

Mus
150 g getrocknete Pflaumen
2 EL Honig, 50 g Walnüsse

Die beiden Mehlsorten mit der Milch schlagen. Das Ei und die zerlassene Butter hinzufügen, dann den Teig 15 Minuten ruhen lassen. Aus dem Teig etwa 8 kleine Crêpes ausbacken.
Die Pflaumen 4–6 Stunden in so viel Wasser einweichen, daß die Früchte bedeckt sind. Danach die Pflaumen hacken und im Einweichwasser zusammen mit dem Honig und gehackten Walnüssen ca. 15 Minuten kochen. Das Mus auf die Crêpes verteilen, zusammenfalten oder -rollen und kalt oder heiß servieren.

Kaltes Buffet für 8 Personen

Wenn viele Gäste zum Essen geladen sind, ist es häufig für den Gastgeber bequemer, ein kaltes Buffet vorzubereiten. Alle Speisen können rechtzeitig zubereitet werden. Käsewindbeutel (ohne Füllung) und Mandelpastete z. B. lassen sich einfrieren.

Das kalte Buffet kann mit anderen Gerichten erweitert werden. Außerdem wird in der Regel Brot oder Stangenbrot dazu gereicht. Als Dessert kann z. B. frisches Obst oder Käse serviert werden.

Champignonkuchen

100 g Grahammehl
80 g Butter, ½ dl Olivenöl
½ dl Sahne, 5 EL kaltes Wasser
2 TL zerriebenes Bohnenkraut
ca. 100 g Weizenmehl
2 Zwiebeln
1 Lauchstange oder Frühlingszwiebel
300 g Champignons
2½ dl Sahne
1 TL zerriebener Oregano
1 Bouillonwürfel, evtl. Speisestärke
1 Bund Petersilie

Das Grahammehl mit Butter, Öl, Sahne, kaltem Wasser, Bohnenkraut und so viel Weizenmehl kneten, wie der Teig aufnehmen kann. Den Teig ausrollen und eine eingefettete Kuchenform (ca. 30 cm Durchmesser) damit auslegen. Mit einer Gabel Löcher in den Boden stechen, dann ca. 20 Minuten bei 180 Grad im Ofen backen.

Die Zwiebeln grob hacken, den Lauch in Streifen schneiden (Lauch kann evtl. durch eine zusätzliche Zwiebel ersetzt werden). Beides in Öl goldbraun dünsten. Die Champignons durchschneiden und dazugeben. Das Gemüse einige Minuten schmoren lassen, dann Sahne, Oregano und den Bouillonwürfel hinzufügen. Die Sahne bei schwacher Hitze ca. 10 Minuten einkochen lassen. Evtl. mit Speisestärke binden. Die Masse auf dem vorgebackenen Kuchenboden verteilen und die Form weitere 10 Minuten in den Ofen schieben. Beim Servieren mit gehackter Petersilie bestreuen.

Italienischer Bohnensalat

100 g große weiße Bohnen
8 EL Olivenöl
4 EL Kräuteressig
1–2 Knoblauchzehen
3 EL feingehackte Kräutermischung (Oregano, Basilikum und Rosmarin)
Salz, Pfeffer
1 Schalotte
4 Stangensellerie
½ Fenchel
4 Tomaten, 1 Eisbergsalat
50 g schwarze Oliven (ca. 16 Stück)

Die Bohnen gründlich waschen, über Nacht einweichen und im Einweichwasser ca. 1 Stunde kochen. Das Bohnenwasser abgießen, die Bohnen abkühlen lassen, bevor das Dressing darübergegossen wird: Das Öl mit Essig, zerdrücktem Knoblauch und der Kräutermischung verrühren. Evtl. mit Salz und Pfeffer abschmecken. Die Bohnen mindestens 2 Stunden in dem Dressing ziehen lassen.

Die Schalotte fein hacken. Stangensellerie in dünne Scheiben schneiden, die grünen Sellerieblätter evtl. fein hacken. Den Fenchel in Streifen und die Tomaten in Viertel schneiden. Den Salatkopf in kleinere Stücke zerteilen. Alles zusammen mit den Oliven und den Bohnen in einer großen Salatschüssel durchheben.

Kartoffelsalat

1 kg kleine Kartoffeln (neue Ernte)
500 g Möhren
1 dl Orangensaft
2 EL Zitronensaft
Salz, Pfeffer
1 Bund Dill

Die Kartoffeln schälen, gar kochen und abkühlen lassen. Die Möhren säubern und in dünne Scheiben schneiden. Orangensaft und Zitronensaft verrühren und evtl. mit etwas Honig süßen. Die Kartoffeln in Scheiben schneiden und mit den Möhren mischen. Mit Salz und Pfeffer bestreuen und das Dressing darübergießen. Den Salat wenden und geschnittenen Dill darüberstreuen.

Käsewindbeutel mit Avocadocreme

Teig
1½ dl Wasser
75 g Butter
75 g Mehl
2 große Eier
50 g Cheddar Käse

Avocadocreme
2 Avocados
2 EL Zitronensaft
1 TL Thymian
ca. 2 dl Sahne
25 g gehackte Walnüsse

12 Scheiben Cheddar Käse

Wasser und Butter in einem Topf zum Kochen bringen. Den Topf von der Hitze nehmen, das Mehl hineinsieben und wieder erhitzen. Einen Teig schlagen, bis er sich vom Löffel löst, dann abkühlen lassen. Die Eier verquirlen und in kleinen Portionen in den Teig rühren. Achten Sie darauf, ob der Teig die Eier ganz aufnehmen kann, er darf nicht zu weich werden, sonst zerläuft er beim Backen (das zweite Ei nach und nach zufügen). Den Käse reiben und in den Teig einarbeiten. Den Teig in 12 Häufchen auf ein gefettetes Backblech spritzen (bedenken Sie dabei, daß der Teig bis zur doppelten Größe aufgeht). Die Windbeutel bei 200 Grad ca. 25 Minuten im Ofen backen. Während des Backens sollte die Ofentür nicht geöffnet werden, denn die Windbeutel fallen leicht zusammen. Noch heiß einen »Deckel« von den Windbeuteln abschneiden.

Die Avocados halbieren, das Fleisch herauslösen und zerdrücken, dabei den Zitronensaft hinzufügen. Mit zerriebenem Thymian und Sahne glattrühren, die gehackten Walnüsse dazugeben.

In jeden Windbeutel 1–2 Eßlöffel Avocadocreme füllen, den »Deckel« und zuletzt eine Käsescheibe darauflegen. Kurz vor dem Servieren die Windbeutel bei 200 Grad in den Ofen schieben und gratinieren, bis der Käse geschmolzen und goldbraun ist.

▷ Wer die Windbeutel einfrieren möchte: Zuerst abkühlen lassen, dann in Plastiktüten verpacken.

Mandelpastete

100 g Weizenschrot
2 dl Gemüsesaft oder -bouillon
100 g Mandeln
1 große Zwiebel
2 Stangensellerie
1 EL frischer, gehackter Majoran
50 g Grahammehl
2 Eier
ca. 100 g Granola
1 grüne Paprikaschote
80 g Emmentaler

Den Weizenschrot mit kochendem Gemüsesaft oder -bouillon übergießen und mindestens 8 Stunden einweichen. Die Mandeln mahlen. Zwiebel hacken. Stangensellerie in sehr dünne Scheiben schneiden, die grünen Blätter fein hacken.

Mandeln, Zwiebel und Stangensellerie zusammen mit Majoran und dem Grahammehl zu dem eingeweichten Schrot geben. Die Eier, eines nach dem anderen, hineinrühren und dabei so viel Granola zusetzen, bis die Masse die gewünschte Konsistenz hat. Die Farce darf nicht zu fest sein.

Die Paprikaschote in Streifen schneiden und einige Minuten in kochendem Wasser blanchieren.

Eine Pastetenform mit Öl ausstreichen und mit Granola bestreuen. Die Hälfte der Mandelfarce in die Form füllen, darauf die Paprikastreifen, den in Scheiben geschnittenen Käse und dann den Rest der Farce verteilen. Die Pastete bei 200 Grad ca. 50 Minuten im Ofen backen.

Beilagen

Hauptgerichte können mit den verschiedensten Beilagen in Geschmack, Nährwert und Optik ergänzt werden. Kartoffeln z. B. passen in allen möglichen Zubereitungen zu den meisten Hauptgerichten, sie sind gesund und wohlschmeckend. Doch gibt es neben dieser traditionellen Beilage zahlreiche andere Möglichkeiten: Gemüse, gekocht, in Sauce, gebacken oder gratiniert, gefüllt oder im Teigmantel, Salate, Hirse, Buchweizen, Roggen, Gerste, Reis, Nudeln u. a. mehr. Auch einige der beschriebenen Vorspeisen können als Beilage serviert werden.
Bei der Wahl der Beilage sollten Sie unbedingt das Aussehen der verschiedenen Gerichte berücksichtigen. Ein farbloses Hauptgericht kann von einer bunten Beilage »belebt« werden und auch umgekehrt. In jedem Fall sollte darüber hinaus an eine möglichst gute Ergänzung der Aminosäuren (Seite 8) gedacht werden.

Körnig gekochter Reis

400 g Vollreis
2 EL Öl
8 dl Wasser
evtl. Salz

Den Reis waschen und in Öl anschwitzen. Kochendes Wasser dazugießen, evtl. etwas salzen. Bei schwacher Hitze ca. 40 Minuten kochen. Achten Sie darauf, daß das Wasser nicht verkocht.

- ▷ Statt des Anschwitzens kann das Öl von Anfang an dem Kochwasser zugesetzt werden. Dann genügt 1 Eßlöffel.
- ▷ Diesem Reis kann nach Belieben gehackte Zwiebel oder zerdrückter Knoblauch zugesetzt werden.
- ▷ Ist der Reis für ein Hauptgericht bestimmt, so werden in den letzten 5–10 Minuten der Kochzeit verschiedene Gemüse und Kräuter hinzugegeben.

Gebratener Reis

6 dl Wasser
1 TL Gelbwurz
5 EL Öl
Salz
300 g Vollreis
2 Zwiebeln
200 g Mais
100 g gehackter Spinat

Das Wasser in einem Topf zum Kochen bringen, dann Gelbwurz, 1 Eßlöffel Öl und etwas Salz dazugeben. Den Reis hineinschütten und ca. 35 Minuten kochen lassen, bis die ganze Flüssigkeit verdampft ist.
4 Eßlöffel Öl in einer Pfanne erhitzen und die in Ringe geschnittenen Zwiebeln darin leicht bräunen. Den Reis zusammen mit dem Mais und dem gehackten Spinat in die Pfanne geben. Das Gericht gut durchwärmen.

Gebackener Reis

400 g Vollreis
ca. 6 dl Wasser
evtl. Salz

Den Reis waschen, in einem trockenen Topf rösten, in eine feuerfeste Form schütten und mit kochendem Wasser übergießen. Nach Belieben mit Salz bestreuen. Bei 180 Grad im Ofen ca. 40 Minuten backen. Während des Backens evtl. etwas Wasser hinzufügen.

Persischer Reis

1 Schalotte
4 EL Maisöl
1 Knoblauchzehe
1 TL Gelbwurz
25 g Mandeln
2 Möhren
1 Rote Bete
30 g Rosinen
250 g Vollreis
4 dl Wasser
50 g Sojasprossen

Die Schalotte fein hacken und in Öl anschwitzen. Zerdrückten Knoblauch, Gelbwurz und gemahlene Mandeln zufügen und einige Minuten schmoren lassen. Die Möhren und Rote Bete in kleine Würfeln schneiden und zusammen mit den Rosinen und dem Reis zur Zwiebel geben. Alles einige Minuten miteinander verrühren, dann in eine feuerfeste Form füllen und mit kochendem Wasser aufgießen. Bei 180 Grad ca. 50 Minuten im Ofen garen, bis die ganze Flüssigkeit verdampft ist. Die Sojasprossen erst in den letzten 5 Minuten dazugeben.

Indischer Pilaw

400 g Vollreis
6 dl Wasser
½ dl Olivenöl
50 g Rosinen
1 Stück Zimtstange
25 g Mandeln

Den gewaschenen Reis in eine feuerfeste Form schütten, Wasser und Öl dazugießen. Rosinen und Zimtstange hineinrühren, die Form bei 180 Grad in den Ofen stellen und garen, bis die ganze Flüssigkeit verdampft ist (ca. 50 Minuten). Zuletzt die grobgehackten Mandeln daruntermischen.

Ganzer Weizen, Gerste, Hafer oder Roggen

400 g ganze Getreidekörner
8 dl Wasser

Die Körner waschen und 12 Stunden einweichen. Im Einweichwasser ca. 1 Stunde kochen.

▷ Es können verschiedene Arten von geschnittenem Gemüse in den letzten 5–10 Minuten der Kochzeit dazugegeben werden. Die Körner können auch mit Bohnen oder Reis zubereitet werden, diese müssen dann allerdings von Anfang an mitkochen.

Ganzer Buchweizen

4 dl ganze Buchweizenkörner
2 EL Öl
6 dl Wasser
evtl. Salz

Den Buchweizen in Öl rösten. Kochendes Wasser darübergießen und 20 bis 25 Minuten kochen lassen, bis das Wasser verdampft ist. Zuletzt evtl. etwas salzen.

▷ Der Buchweizen kann mit gehackter Zwiebel oder feingeschnittenem Lauch gekocht werden. Oder man mischt verschiedene Gemüsesorten in den letzten 5–10 Minuten der Kochzeit dazu.

Körnig gekochte Hirse

Ca. 1 l Wasser
250 g Hirse (ganz)
1 Bund Petersilie

Das Wasser zum Kochen bringen, die Hirse hineingeben und bei schwacher Hitze ca. 25 Minuten kochen lassen. Dabei achtgeben, daß das Wasser nicht verkocht. Vor dem Servieren gehackte Petersilie untermischen.

▷ In den letzten 5 Minuten der Kochzeit können Salz und Gemüse wie Erbsen oder Mais zugesetzt werden.

Persischer Reis

Bohnen in Blätterteig

100 g Adzukibohnen
80 g schwarze Bohnen
½ dl Olivenöl
4 EL Apfelessig mit Honig
2 EL frisches, gehacktes Selleriekraut
1 EL frischer, gehackter Majoran
1 EL frischer, gehackter Oregano
200 g Tiefkühl-Blätterteig
evtl. Ei oder Sahne

Die Bohnen 8 Stunden einweichen und in ca. 45 Minuten gar kochen. Wasser abgießen. Das Olivenöl mit Essig und den gehackten Kräutern verrühren, über die warmen Bohnen gießen und einige Stunden kalt stellen. Dann in eine flache, feuerfeste Form füllen.
Den Blätterteig auftauen, ausrollen, die Teigplatte auf die Bohnenfüllung legen und am inneren Rand der Form festdrükken. Mit einer Gabel Löcher in den Teig stechen und evtl. mit geschlagenem Ei oder Sahne bestreichen. Ca. 30 Minuten bei 200 Grad im Ofen backen, die Oberfläche soll goldbraun sein.

Makkaroni in Käsesauce

2 l Wasser, 1 EL Öl
1 kleine Zwiebel
4 Nelken
200 g Vollkorn-Makkaroni
25 g Butter
50 g geriebener Parmesan
50 g geriebener Emmentaler
1 dl Milch oder Sahne
geriebene Muskatnuß

Das Wasser mit Öl, Zwiebel und Nelken zum Kochen bringen, die Makkaroni hineingeben und 10 Minuten kochen, dann abtropfen lassen. Die Butter schmelzen und die Makkaroni darin wenden. Beide Sorten geriebenen Käse zusammen mit der Milch oder Sahne dazugeben, kurz aufkochen lassen und mit geriebener Muskatnuß und evtl. Salz abschmecken.

Gratinierte Makkaroni

200 g Vollkorn- oder Soja-Makkaroni
50 g Butter
30 g Sonnenblumenkerne
1 EL frischer, gehackter Oregano
½ EL frischer, gehackter Salbei
1 grüne Paprikaschote
150 g Cheddar Käse

Die Makkaroni 10–15 Minuten in kochendem Wasser garen, gut abtropfen lassen und in zerschmolzener Butter wenden. In eine feuerfeste Form geben und gehackte Sonnenblumenkerne und Kräuter darüberstreuen. Dünne Paprikastreifen darauflegen. Den Käse reiben und die Makkaroni damit bestreuen. Bei 200 Grad in 20 Minuten im Ofen gratinieren, bis der Käse goldbraun ist.

Gratinierte Fettucine

200 g Fettucine
(breite Bandnudeln)
1 Zwiebel
Öl
150 g Champignons
1 grüne Paprikaschote
½ EL frischer, gehackter Majoran
½ EL frisches, gehacktes Basilikum
30 g Butter
3 EL Mehl
ca. 4 dl Milch oder Gemüsebouillon
4 EL gehackte Kürbiskerne
100 g geriebener Cheddar Käse

Fettucine in 12 Minuten in kochendem Wasser garen, gut abtropfen lassen und dann in eine eingefettete, feuerfeste Form schütten. Die Zwiebel hacken und in Öl anschwitzen. Champignons in Scheiben schneiden und dazugeben. Einige Minuten schmoren lassen, dann über die Bandnudeln verteilen. Die Paprikaschote in dünne Ringe schneiden und darauflegen. Mit gehackten Kräutern bestreuen.
Für die Sauce die Butter schmelzen, Mehl dazustreuen und mit Milch oder Bouillon aufgießen, aufkochen lassen und nach Belieben mit Salz abschmekken. Die Sauce über die Nudeln gießen und mit gehackten Kürbiskernen und Käse bestreuen. 15–20 Minuten bei 200 Grad im Ofen gratinieren.

▷ Gratinierte Fettucine sind auch ein beliebtes Hauptgericht, dann müssen die hier angegebenen Mengen allerdings verdoppelt werden. Servieren Sie einen frischen Blattsalat dazu.

Parathas

Parathas sind flache Brote, die aus dem gleichen Teig wie Chapatis gebacken werden. Sie können mit gekochtem Gemüse, mit Crème fraîche und Curry verrührt, gefüllt werden. Oder man füllt angeschwitzte Champignons auf die Hälfte der ausgerollten Fladen, deckt sie mit den restlichen Teigfladen ab und drückt die Teigränder mit einer Gabel zusammen. Parathas werden wie Chapatis gebacken. Man muß allerdings ein wenig Öl in die Pfanne geben, da die Brote nicht knusprig sein sollen.

Chapatis

Indische Fladenbrote

150 g Vollweizenmehl
ca. 0,8 dl Wasser
1½ TL Öl

Das Mehl in eine Schüssel geben, in die Mitte eine Mulde drücken, nach und nach Wasser und Öl hineinkneten und zu einem geschmeidigen Teig verarbeiten (wie Strudelteig). Mindestens 5 Minuten, eher noch länger kneten. Ein feuchtes Tuch über den Teig legen und ½–1 Stunde ruhen lassen. Aus dem Teig 8 Kugeln formen und mit dem Nudelholz hauchdünne Fladen ausrollen (je 12 cm Durchmesser). Nicht ausradeln oder ausschneiden, da der ausgestochene Rand das Hochgehen der Fladen verhindern würde. In einer trockenen, heißen Pfanne backen, ca. 1 Minute auf jeder Seite. Die entstehenden Teigblasen mit einem feuchten Tuch immer wieder in die Pfanne drücken. Die Fladen müssen auf jeder Seite braunfleckig und knusprig sein.

▷ Dünn mit zerlassener Butter bepinselt, schmecken die noch warmen Chapatis besonders gut.

▷ Die Fladen lassen sich in einer Blechdose knusprig aufbewahren. Vor dem Verzehr kurz aufbacken.

Kartoffeln Parisienne

750 g Kartoffeln
2 Zwiebeln
50 g Butter
1 Kräuterbündel (bouquet garni)

Die Kartoffeln nicht ganz gar kochen, pellen und in Scheiben schneiden. Die Zwiebeln hacken und in geschmolzener Butter glasig dünsten. Das Kräuterbündel und die Kartoffelscheiben dazugeben, zugedeckt bei schwacher Hitze gar dämpfen. Evtl. etwas Wasser nachgießen.

Kartoffeln provenzalisch

750 g Kartoffeln
1 dl Olivenöl
1 Knoblauchzehe
1 Bund Petersilie
2 Frühlingszwiebeln
Muskatnuß
Saft einer halben Zitrone

Die Kartoffeln auf der Rohkostreibe in dünne Scheiben hobeln. Das Öl in einer großen Pfanne erhitzen. Zerdrückten Knoblauch, gehackte Petersilie, die in kleine Würfel geschnittenen Zwiebeln und ein wenig geriebene Muskatnuß hineingeben. Die Kartoffelscheiben hinzufügen und im Öl wenden. Bei schwacher Hitze gar schmoren. Evtl. mit Salz und Pfeffer würzen. Kurz vor dem Servieren den Saft einer halben Zitrone über die Kartoffeln spritzen.

Gebackene Petersilienkartoffeln

600 g Kartoffeln
1 Petersilienwurzel
1 grüne Paprikaschote
1½ dl Gemüsebouillon
1½ dl Milch
1 Bund Petersilie
Paprikapulver
2 Zwiebeln
2 EL Öl

Kartoffeln und Petersilienwurzel auf der Rohkostreibe in dünne Scheiben hobeln, die Paprikaschote in feine Streifen schneiden. Das Gemüse miteinander vermischen, in eine eingefettete feuerfeste Form schichten. Die Bouillon mit der Milch zusammengießen, gehackte Petersilie dazugeben und mit Paprikapulver und nach Belieben etwas Salz abschmecken. Die Flüssigkeit über das Gemüse gießen, die Form bei 200 Grad in den heißen Ofen stellen und in ca. 50 Minuten garen. Die Zwiebeln in Ringe schneiden, in Öl anbräunen und über die Petersilienkartoffeln streuen.

Kartoffelgratin

250 g feine grüne Bohnen
600 g Kartoffeln
Muskatnuß
2 dl Crème fraîche oder saure Sahne
100 g Schmelzkäse (30%)

Die Bohnen ca. 5 Minuten in kochendem Wasser blanchieren. Das Wasser abgießen, die Bohnen in Eiswasser abschrekken und dann in kleinere Stücke schneiden. Die Kartoffeln auf der Rohkostreibe in dünne Scheiben hobeln. Bohnen und Kartoffeln in eine eingefettete, feuerfeste Form schichten, mit Muskatnuß und evtl. Salz und Pfeffer bestreuen. Die Crème fraîche und Schmelzkäse miteinander verrühren und über die Kartoffeln verstreichen. Bei 200 Grad 45–50 Minuten im Ofen gratinieren. Falls die Oberfläche zu dunkel gerät, mit Alufolie abdecken.

Kartoffelkuchen

600 g Kartoffeln
100 g Hirseflocken
1 Zwiebel
2 EL Öl
200 g Champignons
1 dl Milch
25 g Butter

Die Kartoffeln raspeln und mit den Hirseflocken vermischen. Die Zwiebel hacken und in Öl anschwitzen. Die Champignons in Scheiben schneiden und dazugeben, 5 Minuten schmoren lassen, dann mit den Kartoffelraspeln vermischen. Eine feuerfeste Form mit der Masse füllen, die Milch darübergießen und mit Butterflöckchen besetzen. Bei 200 Grad ca. 45 Minuten im Ofen backen.

▷ Kartoffelkuchen wird auch gern als Hauptgericht serviert (Zutaten verdoppeln), besonders zu jungem Wein.

Gebackene Olivenkartoffeln

4 große, mehligkochende Kartoffeln
1 kleine Schalotte
8 gefüllte Oliven
1 kleines Ei (ersatzweise Butter)

Kartoffeln backen, aushöhlen und zerdrücken, wie links beschrieben. Mit feingehackter Schalotte, Olivenscheibchen und Ei oder Butter verrühren. Die Füllung in die Kartoffeln streichen und weitere 10 Minuten im Ofen backen.

▷ Gebackene Kartoffeln können auch mit vielen anderen Zutaten gefüllt werden. Oder man drückt vor dem Aushöhlen eine Öffnung hinein und gibt ein Stückchen Butter, gewürzt mit Kräutern, geriebenem Meerrettich, ausgepreßtem Knoblauch oder anderen Würzen, in die Öffnung.

Gebackene Kümmelkartoffeln

4 große, mehligkochende Kartoffeln
Öl
Salz
Kümmel

Die Kartoffeln sauber schrubben und der Länge nach durchschneiden. Die Kartoffelhälften mit Öl bestreichen und in eine feuerfeste Form setzen. Nach Belieben mit Salz und Kümmel bestreuen. Bei 200 Grad etwa 40 Minuten im Ofen backen.

Gebackene Käsekartoffeln

4 große, mehligkochende Kartoffeln
100 g Schmelzkäse, 25 g Walnüsse

Die Kartoffeln sauber schrubben und in den 200 Grad heißen Ofen legen. Nach 50 Minuten aus dem Ofen nehmen und ca. zu drei Vierteln aushöhlen. Die ausgelöste Kartoffelmasse zerdrücken und mit dem Käse und gehackten Walnüssen verrühren. Die Füllung in die ausgehöhlten Kartoffeln streichen und weitere 10 Minuten im Ofen backen.

Gebackene Sesamkartoffeln

4 große, mehligkochende Kartoffeln
4 EL Milch oder Sahne
4 EL Sesamsamen
2 EL geschnittener Dill

Kartoffeln backen, aushöhlen und zerdrücken, wie links beschrieben. Das Kartoffelmus mit Milch, Sesamsamen und geschnittenem Dill verrühren, evtl. mit Salz abschmecken. Die Füllung in die Kartoffeln geben und weitere 10 Minuten im Ofen backen.

Schweizer Rösti

600 g Kartoffeln
50 g Butter
50 g Emmentaler

Die Kartoffeln auf der Rohkostreibe grob raspeln, die Butter in der Pfanne zerlassen. Sobald die Butter leicht braun ist, die geraspelten Kartoffeln zusammen mit dem geriebenem Käse darin wenden. Die Kartoffeln zu einem »Pfannkuchen« zusammendrücken und bei schwacher Hitze ca. 15 Minuten goldbraun rösten. Mit Hilfe eines Topfdeckels wenden und die andere Seite ebenfalls goldbraun rösten. Evtl. mit Salz und Pfeffer bestreuen.

Gebackene Süßkartoffeln mit Ananas

500 g Süßkartoffeln
25 g gehobelte Mandeln
½ Ananas, 4 EL Maisöl

Die Kartoffeln in längliche Scheiben schneiden, in eine eingefettete, feuerfeste Form schichten und mit den Mandeln bestreuen. Die Ananas hacken und über die Kartoffeln verteilen. Mit Öl beträufeln und bei 200 Grad ca. 40 Minuten im Ofen backen.

Süßkartoffeln (Bataten)
Kartoffeln und Süßkartoffeln sind nicht verwandt. Süßkartoffeln sind länglich, das Fleisch ist weiß, die Schale rötlich oder weiß.

Gebackene Süßkartoffeln mit Rosinen

500 g Süßkartoffeln
50 g Rosinen
1½ dl Wasser
1 dl Weizenkeime

Die Kartoffeln in kleine Würfel schneiden, mit den Rosinen mischen und in eine feuerfeste Form füllen. Das Wasser darübergießen und mit den Weizenkeimen bestreuen. Bei 200 Grad ca. 40 Minuten im Ofen backen.

Gefüllte Tomaten

4 große Fleischtomaten
100 g Vollreis
2 dl Wasser
50 g Erbsen (ohne Hülsen)
4 EL Olivenöl
2 EL Kräuteressig
½ TL zerriebener Rosmarin
½ TL zerriebene Minze
4 Salatblätter

Von den Tomaten einen »Deckel« abschneiden und die Früchte aushöhlen, den Saft auffangen. Den Reis in ca. 40 Minuten gar kochen, in den letzten 5 Minuten die Erbsen mitkochen. Reis und Erbsen abkühlen lassen und mit etwas aufgefangenem Tomatensaft, Olivenöl, Essig und den Kräutern verrühren. Die Füllung in die Tomaten geben und den »Deckel« wieder darauflegen. Die gefüllten Tomaten auf Salatblättern anrichten.

Gefüllte Zwiebeln

4 große Salatzwiebeln
1 Knoblauchzehe
4 EL gehackter Grünkohl
2 EL gehackte Rosinen
2 EL Öl
2 EL zerriebenes Granola
4 EL Milch
2 dl Gemüsebouillon
4 EL Olivenöl

Die Zwiebeln 8–10 Minuten kochen, anschließend die Haut abziehen. Einen Deckel von den Zwiebeln abschneiden und etwa drei Viertel des Fruchtfleisches herauslösen. Das ausgelöste Zwiebelfleisch hacken (1 Eßlöffel davon wird gebraucht, den Rest kann man für Salat, Suppe oder Sauce aufheben). Den einen Eßlöffel gehacktes Zwiebelfleisch zusammen mit zerdrücktem Knoblauch, dem Grünkohl und den Rosinen in Öl anschwitzen. Granola und Milch hineinrühren und evtl. mit Salz und Pfeffer abschmecken. Die Füllung in die Zwiebeln streichen. Die Gemüsebouillon in eine eingefettete, feuerfeste Form gießen und die Zwiebeln hineinsetzen. Über jede Zwiebel 1 Eßlöffel Öl verteilen. Bei 190 Grad im Ofen in 40 Minuten garen.

Gebackene Zwiebeln

4 große Salatzwiebeln, 4 EL Öl

Die Zwiebeln schälen und mit Öl einpinseln. Bei 200 Grad ca. 45 Minuten im Ofen backen.

Griechische Zwiebeln

300 g kleine Schalotten
1 Fenchel
400 g Tomaten
½ dl Olivenöl
Salz, Pfeffer
1 Bund Petersilie

Die Schalotten schälen. Fenchel in feine Streifen schneiden. Tomaten überbrühen, die Haut abziehen und das Fruchtfleisch hacken. Das Gemüse in Olivenöl zugedeckt bei schwacher Hitze etwa 30 Minuten schmoren lassen. Evtl. mit Salz und Pfeffer abschmecken. Mit gehackter Petersilie bestreuen.

▷ Die griechischen Zwiebeln können heiß oder kalt serviert werden.

Frühlingszwiebeln in dicker Sauce

500 g kleine Frühlingszwiebeln
2½ dl Gemüsebouillon
250 g Erbsen (ohne Hülsen)
2 dl Milch
Kuzu
Muskatnuß

Das grüne Ende der Zwiebeln abschneiden und hacken. Die Zwiebeln ca. 15 Minuten in der Bouillon kochen. In den letzten 5 Minuten der Kochzeit das gehackte Zwiebelgrün und die Erbsen dazugeben. Mit Milch aufgießen und das Gericht mit Kuzu andicken. Mit geriebener Muskatnuß und nach Belieben Salz abschmecken.

Glasierte Zwiebeln

500 g kleine Schalotten
40 g Rohzucker oder Honig
30 g Butter

Die Schalotten schälen. Zucker oder Honig mit der Butter schmelzen. Die Zwiebeln hineingeben und bei schwacher Hitze in ca. 10 Minuten darin garen.

Gekochte Maiskolben

4 Maiskolben, Butter

Deckblätter und Stiel von den Maiskolben abschneiden. Die Kolben in kochendes Wasser einlegen und 8–10 Minuten kochen lassen. Mit weich gerührter Butter, evtl. Kräuterbutter, servieren.

Gratinierte Zucchini

500 g Zucchini
2 Frühlingszwiebeln
1–2 TL Thymian
2 dl Milch
50 g geriebener Cheddar Käse

Die Zucchini in Scheiben schneiden und in eine eingefettete, feuerfeste Form legen. Die Zwiebeln hacken, das Zwiebelgrün fein schneiden und beides zusammen mit dem zerriebenen Thymian über die Zucchini geben. Die Milch über das Gemüse gießen und den geriebenen Käse darüberstreuen. Bei 200 Grad ca. 20 Minuten im Ofen gratinieren.

Gratinierter Fenchel

2 Fenchel
1–2 Knoblauchzehen
1 Zwiebel, ½ dl Olivenöl
350 g Tomaten
1 dl Tomatenpüree
1 dl Granola
50 g geriebener Parmesan

Die Fenchelknollen in Ringe schneiden, die Stiele entfernen, das Kraut evtl. fein hacken. Die Fenchelringe mit Knoblauch und gehackter Zwiebel in Öl anschwitzen. Die Tomaten überbrühen, die Haut abziehen, das Fleisch in kleine Stücke schneiden und zusammen mit dem Tomatenpüree in die Pfanne geben. Zugedeckt ca. 10 Minuten schmoren lassen. Evtl. mit Salz und Rohzucker abschmecken. Das Gemüse in eine flache, feuerfeste Form füllen. Granola und Käse vermischen und darüberstreuen. Ca. 15 Minuten bei 225 Grad in den Ofen schieben.

Sautierte Kräuterauberginen

500 g Auberginen, ½ dl Öl
1 Bund Petersilie
1 EL frisches, gehacktes Basilikum
1 EL frischer, gehackter Majoran
½ EL frischer, gehackter Salbei

Die Auberginen in Würfel schneiden. Das Öl erhitzen und die Auberginenstücke zusammen mit den Kräutern darin sautieren. Zugedeckt bei schwacher Hitze gar schmoren lassen.

Uszki

Gefüllte Hefetaschen

1 dl Wasser
10 g Hefe
4 EL Maisöl
½ TL Honig
½ TL Salz
1 Ei
ca. 225 g Vollweizenmehl

Füllung
100 g Champignons
1 Zwiebel
Maisöl
1 TL Thymian
100 g Magerquark

Das Wasser auf ca. 37 Grad erhitzen und die Hefe darin verrühren. Öl, Honig und Salz hineingeben. Das Ei schlagen und die Hälfte davon hinzufügen. Mit dem Mehl einen glatten Teig kneten, dabei nur so viel Mehl zusetzen, wie der Teig aufnehmen kann. Den Teig an einem warmen Ort 1 Stunde gehen lassen. In der Zwischenzeit die Füllung zubereiten.
Champignons und Zwiebel fein hacken, in Öl anschwitzen, den Thymian dazustreuen. Das Gemüse so lange dünsten, bis die ganze Flüssigkeit verdampft ist. Etwas abkühlen lassen und mit dem Quark verrühren. Evtl. mit Salz abschmecken.
Den Teig ausrollen. Mit einem Glas von ca. 8 cm Durchmesser etwa 20 Teigstücke ausstechen. Auf jede Hälfte eines Teigstücks einen kleinen Eßlöffel der Füllung setzen. Die Ränder mit verquirltem Ei bestreichen, den Teig über der Füllung zu Halbmonden zusammenfalten und die Ränder mit einer Gabel zusammendrücken. Die Uszki auf ein eingefettetes Backblech setzen, mit Ei bestreichen und bei 200 Grad im Ofen in ca. 15 Minuten goldbraun backen.

▷ Die Teigtaschen werden traditionell zur russischen Rote-Bete-Suppe (Borschtsch) serviert, können aber auch als Beilage für andere Suppen dienen, ebenso als Vorspeise, kombiniert mit einem Salat.

▷ Uszki eignen sich gut zum Einfrieren.

Blumenkohl mit Avocadocreme

1 Blumenkohl
4 EL Olivenöl
2 EL Weinessig
1 TL zerriebenes Basilikum
1 große, reife Avocado
½ dl Sahne oder Milch
30 g Haselnüsse
1 Bund Radieschen

Den Blumenkohl knapp gar kochen und abtropfen lassen. Aus Öl, Essig und zerriebenem Basilikum eine Marinade rühren und über den Blumenkohl gießen.
Avocado halbieren, das Fruchtfleisch mit einem Löffel herauslösen, zerdrücken und mit Sahne glattrühren. Die Nüsse hacken und unter die Creme ziehen. Die Creme über den Blumenkohl verteilen und mit gehackten Radieschen bestreuen.

▷ Der Blumenkohl kann heiß und kalt serviert werden.

Blumenkohl mit Olivensauce

1 Blumenkohl
40 g Butter
4 EL Mehl
ca. 5 dl Kohlwasser und Milch
50 g gefüllte Oliven
Salz, Pfeffer

Den Blumenkohl knapp gar kochen und warm halten. Die Butter schmelzen, das Mehl hineinstreuen und mit Kohlwasser und Milch aufgießen, aufkochen lassen. Die gefüllten Oliven hacken und dazugeben. Mit Salz und Pfeffer abschmecken. Den gut abgetropften Blumenkohl auf einer Servierplatte anrichten, die Sauce darübergießen.

▷ Eiviertel und Tomaten sind eine schöne Garnitur.

Blumenkohl in dicker Sauce

1 Blumenkohl
4 dl Milch
30 g Rosinen
½ TL Kardamom
30 g Mandeln
4 EL gehackte Kürbiskerne

Den Blumenkohl in Röschen zerteilen, den Stiel in Würfel schneiden. Die Milch zum Kochen bringen, Blumenkohl, Rosinen und Kardamom hineingeben. Das Gericht bei schwacher Hitze 10–15 Minuten kochen, bis es eingedickt ist. Die Mandeln überbrühen, die Haut abziehen, raspeln und zum Blumenkohl geben. Zuletzt mit gehackten Kürbiskernen bestreuen.

▷ Das Gericht hat einen leicht süßlichen Geschmack und paßt gut zu gewürzten orientalischen Speisen.

Gratinierter Rosenkohl

500 g Rosenkohl
2 dl Milch oder Sahne
1–2 TL Kuzu
1 Bund Petersilie
75 g Emmentaler

Den Rosenkohl ca. 7 Minuten in kochendem Wasser garen, abtropfen lassen und in eine feuerfeste Form geben. Die Milch oder Sahne zum Kochen bringen. Kuzu mit etwas Wasser verrühren und in die Milch rühren und aufkochen lassen. Gehackte Petersilie hinzufügen und evtl. mit Salz und Pfeffer würzen. Den Rosenkohl mit der Sauce übergießen, den Käse darüberstreuen. Bei 200 Grad im Ofen gratinieren, bis der Käse goldbraun ist.

Rosenkohl in dicker Sauce

600 g Rosenkohl
4 dl Milch und Kohlwasser
30 g Butter
3 EL Mehl
2 Möhren
50 g Walnüsse

Den Rosenkohl ca. 7 Minuten in kochendem Wasser garen und abtropfen lassen. Milch und Kohlwasser zum Kochen bringen. Eine Butterkugel aus Butter und Mehl rühren und die Flüssigkeit damit binden. Die Möhren raspeln und dazugeben. Die Sauce einige Minuten durchkochen, dann den Rosenkohl hineingeben und durchwärmen lassen. Zuletzt die gehackten Walnüsse unterheben. Evtl. mit Salz und Pfeffer abschmecken.

Rosenkohl in Tomatensauce

500 g Rosenkohl
400 g Tomaten
½ dl Milch
1 Knoblauchzehe
evtl. Speisestärke oder Kuzu
1 Bund Schnittlauch

Den Rosenkohl ca. 7 Minuten in kochendem Wasser garen. Die Tomaten überbrühen, die Haut abziehen und das Fleisch in kleine Stücke schneiden. Die Milch, zerdrückten Knoblauch und die Tomatenstücke zu einer sämigen Sauce verrühren, evtl. mit angerührter Speisestärke oder Kuzu binden. Den Rosenkohl in der Sauce durchwärmen. Nach Belieben mit Rohzucker und Salz abschmekken. Beim Servieren mit feingehacktem Schnittlauch bestreuen.

Rosenkohl in Mandel-Rosinen-Sauce

500 g Rosenkohl
4 dl Kohlwasser und Milch
3 EL Maismehl
30 g Rosinen
30 g Mandeln

Den Rosenkohl ca. 7 Minuten in kochendem Wasser garen, dann abtropfen lassen. Kohlwasser und Milch zum Kochen bringen. Das Maismehl mit etwas Wasser verrühren und die Flüssigkeit damit binden. Die Rosinen hineingeben und einige Minuten mitkochen lassen. Den Rosenkohl in der Sauce durchwärmen. Zuletzt die grobgehackten Mandeln hinzufügen.

Spitzkohl in dicker Sauce

1 großer Spitzkohl
30 g Butter
4 EL Mehl
4–5 dl Kohlwasser und Milch
Muskatnuß

Den Spitzkohl in Viertel schneiden, in wenig kochendes Wasser legen und in ca. 8 Minuten knapp garen. Die Butter schmelzen, Mehl hineinstreuen und mit Kohlwasser und Milch aufgießen. Die Sauce darf nicht zu dünn sein. Aufkochen lassen und mit geriebener Muskatnuß und evtl. Salz und Pfeffer abschmekken. Den Kohl in der Sauce durchwärmen. Evtl. mit gehackter Petersilie oder anderen Kräutern bestreuen.

Spitzkohl, in Butter gedünstet

1 großer Spitzkohl
50 g Butter, Salz, Pfeffer

Möchte man den feinen Geschmack des Spitzkohls richtig hervorheben, so sollte man den Kohl in Butter dünsten.
Der Kohl wird im Ganzen, in Vierteln oder in Streifen gedünstet. Wasser mit Butter, Salz und Pfeffer zum Kochen bringen. Den Kohl hineinlegen und garen.

Würziger Rotkohl

500 g Rotkohl
30 g Butter
1½ dl Johannisbeersaft
4 Nelken, 1 Stück Zimtstange
½ TL geriebene Muskatnuß
Honig

Den Rotkohl in feine Streifen schneiden. Die Butter schmelzen und den Johannisbeersaft, Nelken, Zimtstange und Muskatnuß hineingeben. Den Rotkohl darin wenden und zugedeckt bei schwacher Hitze ca. 50 Minuten dünsten. Mit Honig und evtl. etwas Salz abschmecken.

Braisierter Kohlrabi

500 g Kohlrabi
1 grüne Paprikaschote
1 große Zwiebel, 4 EL Öl
1½ dl Gemüsebouillon
1 Bund Petersilie

Kohlrabi erst in dünne Scheiben, dann in Stäbchen schneiden, Paprikaschote und Zwiebel hacken. Das Öl erhitzen und die Gemüse darin anschwitzen. Mit Bouillon aufgießen und zugedeckt bei schwacher Hitze ca. 10 Minuten braisieren. Mit gehackter Petersilie bestreut servieren.

Geschmorter Chinakohl

1 Chinakohl
1 Zwiebel
1 Knoblauchzehe
40 g Butter
1 EL frisches, gehacktes Bohnenkraut
1 Bund Petersilie
4 EL gehackte Erdnüsse

Den Chinakohl in Streifen schneiden, die Zwiebel hacken und beides mit zerdrücktem Knoblauch in Butter 8–10 Minuten schmoren. Bohnenkraut, gehackte Petersilie und die Erdnüsse zuletzt dazugeben.

Schwarzwurzeln mit Kräuterbutter

1 kg Schwarzwurzeln
evtl. Milch
50 g Butter
2 EL frisches, gehacktes Basilikum

Die Schwarzwurzeln schälen und sofort in kaltes Wasser legen, um eine Verfärbung zu vermeiden. Die Wurzeln in passende Stücke schneiden und 15–20 Minuten gar kochen. Sie können in halb Wasser/halb Milch kochen, ebenfalls um eine Verfärbung zu vermeiden. Werden die Wurzeln mit Milch gekocht, kann die Flüssigkeit gebunden und das Gemüse in dicker Sauce serviert werden.
Für die Kräuterbutter die Butter zerlassen, gehacktes Basilikum hineinrühren und kurz vor dem Servieren über die heißen Wurzeln gießen.

Teltower Rüben mit Kartoffelpüree

Ca. 8 Teltower Rüben
350 g Kartoffeln
½ dl Milch, 50 g Butter
50 g Sesamsamen
Muskatnuß
80 g Cheshire Käse

Die Rüben 8 Minuten in kochendem Wasser garen, abtropfen lassen und in eine eingefettete, feuerfeste Form füllen. Die Kartoffeln gar kochen, pellen und in der Kartoffelpresse zerdrücken. Das Püree mit Milch und der Hälfte der Butter verrühren, Sesam hineingeben und mit geriebener Muskatnuß und evtl. Salz abschmecken. Das Kartoffelpüree über die Rüben verteilen. Den Rest der Butter schmelzen und über die Rüben gießen. Den Käse reiben und darüberstreuen. Bei 200 Grad ca. 20 Minuten in den Ofen schieben, bis der Käse goldbraun ist.

▷ Teltower Rüben können auch als Hauptgericht serviert werden. Dann werden sie z. B. mit einer halben Portion Gemüse- oder Bohnenfarce (Seite 86 ff.) gefüllt.

Sahnemöhren

500 g Möhren
1 große Zwiebel
4 EL Öl
1½ dl Gemüsebouillon
1 TL Honig
½ TL zerriebener Rosmarin
2½ dl Crème fraîche oder saure Sahne
1 Bund Petersilie

Die Möhren der Länge nach durchschneiden, dann in zwei oder drei Stücke zerteilen. Die Zwiebel hacken. Zwiebel und Möhrenstücke in Öl 5 Minuten anschwitzen, mit Bouillon aufgießen. Honig und Rosmarin hinzugeben und das Gemüse zugedeckt ca. 15 Minuten schmoren lassen. Achten Sie darauf, daß das Wasser nicht verkocht. Crème fraîche mit der gehackten Petersilie vermischen und hineinrühren, noch einmal kurz aufkochen lassen.

Möhrenpüree

500 g Möhren
1 Petersilienwurzel
2 Kartoffeln
30 g Butter
ca. ¾ dl Milch
1 Bund Petersilie

Die Möhren, Petersilienwurzel und Kartoffeln in Würfel schneiden, ohne Salz in kochendes Wasser geben und gar kochen. Das Wasser abgießen, die Gemüsewürfel trocken dämpfen und das Gemüse durch ein Sieb streichen oder durch eine Kartoffelpresse drücken. Das Püree zurück in den Topf schütten, aufwärmen und mit Butter und Milch locker schlagen. Evtl. mit Salz und Pfeffer abschmecken. Beim Servieren mit gehackter Petersilie bestreuen.

▷ Das Püree läßt sich auch aus anderem Gemüse zubereiten, z. B. aus Blumenkohl oder Rosenkohl.

Gebackene Möhren

500 g Möhren
2 EL Butter
3 EL Honig
2 EL frische, gehackte Zitronenmelisse
2 dl Milch

Die Möhren in Scheiben schneiden. Butter und Honig in der Pfanne zerlassen und die Möhrenscheiben darin leicht anbräunen. Zitronenmelisse dazugeben, kurz mitdünsten. Alles in eine feuerfeste Form füllen und mit der Milch übergießen. Bei 200 Grad in ca. 20 Minuten im Ofen fertigbacken.

Braisierte Möhren mit Äpfeln

500 g Möhren
50 g Butter
½ dl Wasser
2–3 Äpfel
2 EL Honig
1 Bund Petersilie

Die Möhren längs durchschneiden und quer in größere Stücke teilen. Die Butter schmelzen, Wasser dazugießen und die Möhren ca. 10 Minuten braisieren lassen. Die Äpfel schälen, in Würfel oder Achtel schneiden und zusammen mit dem Honig zu den Möhren geben. Weitere 10 Minuten braisieren, bis die Möhren gar sind. Beim Servieren mit gehackter Petersilie bestreuen.

Möhren-Pie mit Füllung

500 g Möhren
Öl
2 dl Milch
2 Eier
1 Bund Petersilie
1 große Zwiebel
1 grüne Paprika
½ EL frischer, gehackter Estragon
150 g Mozzarella

Die Möhren fein reiben und 10 Minuten in Öl dünsten. Die Milch mit den Eiern verquirlen. Petersilie hacken und zusammen mit den abgekühlten Möhren in die Milch geben. Die Zwiebel in Ringe schneiden, die Paprikaschote fein hakken und beides in Öl anschwitzen, Estragon hinzufügen, zugedeckt 5 Minuten schmoren lassen.
Die Hälfte der Möhrenmischung in eine eingefettete Pieform füllen. Zwiebel-Paprika-Mischung darauf verteilen. Mozzarella in Scheiben schneiden und darüberlegen. Den Rest der Möhrenmischung obenauf verstreichen. Bei 190 Grad im Ofen ca. 40 Minuten backen.

Gebratene Kürbisscheiben

750 g Kürbis
Sojamehl
Granola
Öl

Den Kürbis schälen und die Kerne entfernen. Das Fruchtfleisch in Scheiben (oder fingerdicke Stücke) schneiden. Sojamehl mit Wasser zu einem dicken Brei verrühren. Die Kürbisscheiben zuerst in diesem Brei, dann in Granola wenden, anschließend in recht heißem Öl goldbraun braten.

Sellerie-Walnuß-Kuchen

12–14 Stück

500 g Sellerie
300 g Kartoffeln
100 g Cheddar Käse
50 g Walnüsse
1 Ei, 1 Bund Petersilie

Sellerie und Kartoffeln schälen, in Würfeln schneiden und gar kochen. Das Wasser abgießen, das Gemüse trocken dämpfen und anschließend durch die Kartoffelpresse drücken. Den Käse reiben, die Walnüsse grob hacken und beides zum Gemüsepüree geben. Mit Ei und gehackter Petersilie verrühren, evtl. mit Salz abschmecken. Das Püree mit zwei Löffeln portionsweise auf ein eingefettetes Backblech setzen, ca. 12–14 Kuchen. Bei 200 Grad ca. 30 Minuten im Ofen backen.

Gebackene Rote Bete

4 Rote Beten
Öl
2 dl Joghurt
4 El gehackte Petersilie
geriebener Meerrettich

Die Roten Beten mit Öl bepinseln und bei 200 Grad für etwa 50 Minuten in den Ofen schieben.
Joghurt mit gehackter Petersilie verrühren und mit geriebenem Meerrettich und evtl. Salz abschmecken. Beim Servieren die Roten Beten der Länge nach halbieren und die Sauce darübergießen.

Rote Bete in Knoblauchsauce

400 g Rote Bete
2 dl Joghurt
1 Knoblauchzehe
4 EL geschnittener Dill

Für diese Beilage kann man sowohl rohe wie auch gekochte Rote Beten verwenden. Entweder man schält und raspelt sie auf der Rohkostreibe, oder man kocht sie erst, schält sie dann und schneidet sie in Würfel oder Scheiben.
Joghurt mit zerdrücktem Knoblauch und Dill verrühren, evtl. mit Salz abschmekken, Rote Bete in der Sauce wenden und anrichten.

Zuckererbsen
Diese dünnen, knackigen Erbsen werden mit der Schote gegessen. Die Enden werden abgezwickt und die Fäden entfernt. Zuckererbsen können roh in Salate gemischt werden, oder man dünstet sie einige Minuten und serviert sie als Beilage oder im Eintopfgericht. Sie enthalten Proteine sowie B-Vitamine und Vitamin C.

Gedünstete Zuckererbsen

250 g Zuckererbsen, Öl
1 Bund Petersilie

Die Enden der Schoten abzwicken, die Erbsen 3–4 Minuten in Öl anschwitzen. Mit gehackter Petersilie bestreuen.

Erbsen auf traditionelle Art

1 Chinakohl oder Spitzkohl
frischer Liebstöckel
2 dl Wasser
25 g Butter
250 g Erbsen (ohne Hülsen)
1 dl Milch, Kuzu

Die Kohlblätter vorsichtig voneinander lösen und 6–8 Liebstöckelblätter dazwischenlegen. Den Kohlkopf in kochendes Wasser legen und Butter hinzugeben, 10 Minuten dämpfen. Die Erbsen zufügen und das Gemüse noch einige weitere Minuten kochen lassen. Den Kohl aus dem Wasser nehmen und Milch dazugießen. Mit ein wenig Kuzu, in Wasser angerührt, binden. Den Kohl in Streifen schneiden, zurück in die Sauce geben und durchwärmen.

Gratinierte Wachsbohnen

400 g Wachsbohnen
30 g Butter
40 g geriebener Parmesan
4 El gehackter Schnittlauch

Die Bohnen 8–10 Minuten in kochendem Wasser garen. Das Wasser abgießen und die Bohnen in eine feuerfeste Form füllen. Butterscheiben darauf verteilen und mit Parmesan bestreuen. Bei 190 Grad ca. 20 Minuten im Ofen gratinieren, bis der Käse goldbraun ist. Beim Servieren mit Schnittlauch bestreuen.

Sahne-Wachsbohnen

500 g Wachsbohnen
50 g Butter, 1 Bund Petersilie
2 EL frisches, gehacktes Bohnenkraut
1½ dl Gemüsebouillon
1½ dl Sahne oder Milch
1 EL Butter, 1 EL Mehl

Die Bohnen 1 Minute in kochendem Wasser blanchieren, das Wasser abgießen und die Bohnen in Eiswasser abschrecken. Gut abtropfen lassen. Die Butter schmelzen und die Bohnen zusammen mit gehackter Petersilie und Bohnenkraut darin wenden. Kochende Bouillon dazugießen, die Bohnen 8–10 Minuten schmoren lassen, dann Sahne oder Milch hinzufügen. Aus Butter und Mehl eine Kugel kneten und das Gericht damit binden. Abschmecken.

Roh gebratener Topinambur

750 g Topinambur, 2 Zwiebeln
½ dl Öl, 1 Knoblauchzehe
1–2 TL zerriebener Thymian
1 Bund Petersilie

Topinambur sauber schrubben und in Scheiben schneiden, die Zwiebeln hakken. Beides in Öl zusammen mit zerdrücktem Knoblauch, Thymian und Petersilie anschwitzen, zugedeckt bei schwacher Hitze gar schmoren, ab und zu wenden. Vor dem Servieren evtl. mit etwas Salz bestreuen.

Gratinierte Pastinaken

4 Pastinaken
1 dl Milch
80 g Cheddar Käse
1 Bund Petersilie
½ dl Weizenkeime

Die Pastinaken der Länge nach in Scheiben schneiden, knapp gar kochen und in eine eingefettete, feuerfeste Form legen. Die Milch mit geriebenem Käse und gehackter Petersilie verrühren. Die Sauce über die Pastinakenscheiben gießen, mit Weizenkeimen bestreuen. Bei 225 Grad ca. 15 Minuten im Ofen gratinieren.

Gebratene Pastinaken

4 Pastinaken
1 Ei oder Sojamehl und Wasser
Granola, Öl

Die Pastinaken ca. 20 Minuten in kochendem Wasser garen, dann der Länge nach in Scheiben schneiden und abkühlen lassen. Die abgekühlten Scheiben entweder in verquirltem Ei oder in mit Wasser angerührtem Sojamehl, anschließend in Granola wenden. In Öl auf beiden Seiten goldbraun braten.

Brennesselring

150 g Brennesselschößlinge
1 große Zwiebel
1 Knoblauchzehe
2½ dl Milch oder Sahne
2 Eier
ca. 100 g Granola

Brennesseln und Zwiebel fein hacken und mit zerdrücktem Knoblauch vermischen. Die Milch oder Sahne dazurühren, die Eier dazugeben und so viel Granola, bis die richtige Konsistenz erreicht ist. Die Farce in eine eingefettete, mit Granola bestreute Ringform füllen und bei 180 Grad ca. 45 Minuten im Ofen backen.

▷ Der Ring kann mit Möhren, zubereitet in dicker Sauce, gefüllt werden. Es können auch Kartoffeln oder körniger Reis dazu gereicht werden. Eine Meerrettichsauce paßt sehr gut zum Brennesselgeschmack.

Saucen und Dips

Selbständige Saucen werden überwiegend zu gratinierten Gerichten gereicht. Deshalb sollen in diesem Kapitel nur einige wenige Saucenrezepte vorgeschlagen werden, die in der traditionellen Küche nicht so bekannt sind.

Pikante Sauce

1 Zwiebel, 50 g Butter
3 EL Kräuteressig
1 Stiel Petersilie
1 Stiel Thymian
2 Lorbeerblätter
4 dl Gemüsebouillon
1 EL Honig
1 EL gehackte Kapern
2 EL gehackte Essiggurke
Speisestärke oder Kuzu

Die Zwiebel fein hacken und in Butter glasig dünsten. Kräuteressig, Kräuter, Lorbeerblätter, Bouillon und Honig dazugeben, bei schwacher Hitze ca. 15 Minuten schmoren lassen. Feingehackte Kapern und Gurke hinzufügen. Die Sauce binden und evtl. mit Salz und Pfeffer abschmecken.

Hüttensauce

200 g körniger Frischkäse
ca. 2 dl Milch
1 Knoblauchzehe
1 Bund Petersilie

Den Frischkäse mit der Milch glattrühren. Zerdrückten Knoblauch und gehackte Petersilie hinzufügen. Evtl. mit Salz und Pfeffer abschmecken.

Provenzalische Sauce

2½ dl Crème fraîche oder saure Sahne
1 Eigelb (kann weggelassen werden)
4 EL Zitronensaft
2 EL Olivenöl
4–5 EL Brunnenkresse
1 Bund Schnittlauch
2 EL gehackter Kerbel oder Petersilie

Alle Zutaten vermischen oder im Mixer schlagen. Wer mag, kann die Sauce mit zerdrücktem Knoblauch und Salz und Pfeffer abschmecken.

Italienische Sauce

150 g Champignons
2 Schalotten
½ Zitrone
1 dl Sonnenblumenöl
1 Lorbeerblatt
2 Nelken
1 EL gehackte Petersilie
1 dl Apfelsaft
1 dl Sahne

Champignons und Schalotten fein hakken. Die Zitrone in dünne Scheiben schneiden, die Schale entfernen. Das Sonnenblumenöl erhitzen und die Champignons, Schalotten, Zitronenscheiben, Lorbeerblatt und Nelken hineingeben,

5 Minuten schmoren lassen. Dann Petersilie, Apfelsaft und Sahne dazurühren. Die Sauce bei schwacher Hitze einkochen, bis sie sämig ist. Zitronenscheiben, Lorbeerblatt und Nelken herausnehmen. Evtl. mit Salz und Pfeffer abschmecken.

Spaghettisauce

1 große Zwiebel
1 grüne Paprikaschote
200 g Champignons, 4 EL Öl
1 EL frischer, gehackter Oregano
4 EL gehackte Petersilie
4 EL frischer, gehackter Schnittlauch
3 EL Mehl
ca. 4 dl Milch oder Gemüsebouillon
4 EL geriebener Parmesan
4 EL Tomatenpüree

Zwiebel, Paprikaschote und Champignons fein hacken und in Öl dünsten, bis die Zwiebeln glasig sind. Die gehackten Kräuter hinzufügen. Mehl darüberstreuen und mit Milch oder Bouillon aufgießen, 5 Minuten kochen. Den geriebenen Käse und das Tomatenpüree dazugeben, evtl. mit Salz und Pfeffer abschmecken.

Schnittlauchsauce

2 dl Milch
3 dl Gemüsebouillon
ca. 1 EL Kuzu
Apfelessig mit Honig
4 EL feingehackter Schnittlauch

Milch und Bouillon zum Kochen bringen. Kuzu mit etwas Wasser verrühren und in die Flüssigkeit geben. Die Sauce mit Essig und gehacktem Schnittlauch abschmecken und ca. 4 Minuten kochen. Evtl. mit Salz würzen.

Selleriesauce

1 Zwiebel, Öl
1 Scheibe Sellerie (100 g)
ca. 4 dl Milch und Gemüsebouillon
ca. 3 EL Mehl

Die Zwiebel hacken und in Öl anschwitzen. Die Selleriescheibe auf der Rohkostreibe fein raspeln und dazugeben. Die Flüssigkeit dazugießen und aufkochen lassen. Mehl mit Wasser anrühren und die Sauce damit binden. 5–10 Minuten durchkochen und evtl. mit Salz abschmecken. Nach Belieben mit Bohnenkraut oder Petersilie würzen.

Zitronensauce

3 dl Milch oder Gemüsebouillon
Kuzu oder Speisestärke
Saft von 1 Zitrone
1 dl Sahne

Die Milch oder Bouillon zum Kochen bringen. Kuzu oder Speisestärke mit Wasser anrühren und in die Flüssigkeit schlagen, ca. 5 Minuten kochen lassen. Mit Zitronensaft und evtl. Salz und Pfeffer abschmecken. Kurz vor dem Servieren die Sahne steif schlagen und unterziehen.

Grüne Sauce

3 dl Dickmilch
½ dl fettarme Mayonnaise
2 EL gehackter Spinat
2 EL gehackter Kerbel
1 EL Schnittlauchröllchen
1 EL gehackte Petersilie
geriebene Muskatnuß
Salz
Pfeffer

Dickmilch, Mayonnaise, Spinat, Kerbel, Schnittlauch und Petersilie verrühren. Mit Muskatnuß, Salz und Pfeffer abschmecken.

▷ Diese Grüne Sauce kann man durch die Auswahl der verwendeten Kräuter vielfältig variieren und zu den unterschiedlichsten Gerichten reichen.

Traubensauce

200 g Weintrauben
25 g Butter
40 g Kürbiskerne
1½ dl Crème fraîche oder saure Sahne

Die Weintrauben durchschneiden, die Kerne entfernen und die Traubenhälften zusammen mit den Kürbiskernen 5 Minuten in Butter anschmoren. Mit Crème fraîche aufgießen und gut durchwärmen. Die Sauce nach Belieben mit Salz und Pfeffer abschmecken.

▷ Traubensauce paßt gut zu Pasteten, z. B. zu Mandelpastete (Seite 98) oder kalter Kräuterpastete (Seite 96).

Champignon-Dip

150 g Champignons
1 Schalotte
2 EL Öl
½ Knoblauchzehe
1 EL Zitronensaft
1 dl Crème fraîche oder saure Sahne
100 g körniger Frischkäse
2 EL frische, gehackte Kräuter

Die Champignons und die Schalotte fein hacken und in Öl zusammen mit zerdrücktem Knoblauch und Zitronensaft anschwitzen. So lange schmoren, bis die Flüssigkeit fast verdampft ist. Die Crème fraîche und den Frischkäse so glatt wie möglich rühren. Die abgekühlten Champignons in die Creme geben und mit Kräutern und evtl. Salz und Pfeffer abschmecken.

Dill-Dip

2 dl Dickmilch
2 EL Tahin
1 Bund Dill

Die Dickmilch mit Tahin und geschnittenem Dill verrühren. Evtl. mit Salz und Pfeffer abschmecken.

Chutney-Dip

2 dl Crème fraîche oder saure Sahne
½ EL Tamari (Sojasauce)
1–2 EL Mango Chutney
2 EL feingeraspelte Kokosnuß

Crème fraîche mit Tamari und Mango Chutney abschmecken und die Kokosraspeln dazurühren.

Avocadocreme

2 reife Avocados
½–1 dl Crème fraîche oder saure Sahne
1 kleine Schalotte
2 EL gehackte Essiggurke
2 EL geschnittener Dill

Die Avocados halbieren, das Fleisch herauslösen, zerdrücken und mit so viel Crème fraîche glattrühren, bis die richtige Konsistenz erreicht ist. Die Schalotte fein hacken und zusammen mit sehr fein gehackter Gurke und geschnittenem Dill hineingeben. Evtl. mit Salz und Pfeffer abschmecken.

▷ Dickmilch- und Crème-fraîche-Dips können auch mit gehackten Kräutern, zerdrücktem Knoblauch, gehackten Oliven, gehackter Senfgurke, Kapern u. a. zubereitet werden.

Frisches Obst ist ein guter Abschluß jeder Mahlzeit. Die Kohlenhydrate werden im Körper langsam abgebaut und Früchte enthalten reichlich B-Vitamine, Vitamin A und C sowie Mineralstoffe und Spurenelemente wie Kalk, Eisen, Phosphor, Mangan, Zink und Kupfer. Früchte und Beeren sollten möglichst mit der Schale gegessen werden, um dem Körper Ballaststoffe zuzuführen. Auch Käse und Brot können als Nachspeise dienen. Sie enthalten aber wesentlich mehr Kalorien als frisches Obst. Süße Nachspeisen und Kuchen finden in der gesunden Küche nur in begrenztem Umfang Verwendung. Doch schadet gelegentlich ein mit Honig oder Rohzucker gesüßter Nachtisch einem gesunden Menschen nicht.

Nachspeisen und Kuchen

Nachspeisen

Orangencreme

2 Eier
4 EL Rohzucker
Saft von 4 Orangen
3 TL Agar-Agar
2 dl Sahne

Eigelb mit dem Zucker schaumig schlagen. Orangensaft und Orangenfasern (aus der Saftpresse) zum Kochen bringen. Agar-Agar in etwas Wasser verrühren und dazugeben, einige Minuten kochen lassen, dann den Topf von der Hitze nehmen. Wenn der Saft etwas abgekühlt ist, den Eigelbschaum unterziehen. Die Masse gut beobachten, denn Agar-Agar wird sehr schnell fest. Eiweiß und Sahne getrennt steif schlagen und nacheinander behutsam unter die festwerdende Masse heben. Die Creme einige Stunden kühlen. Evtl. mit Orangen- oder Mandarinenstücken garnieren.

Birnen im Teigmantel

Teig
80 g Butter
100 g Weizenmehl
2 EL Rohzucker, 1 Ei

Füllung
2 EL gehackte Datteln
3 EL feingehackte Nüsse
2 EL Sahne

4 feste Birnen

Butter, Mehl und Zucker verrühren. Das Ei schlagen und die Hälfte davon in den Teig geben, zusammenkneten und kalt stellen. Inzwischen die Füllung zubereiten: Datteln und Nüsse mit der Sahne verrühren. Die Birnen schälen, das Kerngehäuse herausstechen, füllen.
Aus dem Teig 4 Kreise ausrollen. Die Birnen daraufsetzen. Den Teig um die Birnen schlagen. Die Teigränder zusammendrücken. Mit dem restlichen Ei bestreichen und bei 200 Grad in ca. 35 Minuten goldbraun backen.

Gorgonzola-Birnen

2 große, reife Birnen
100 g Gorgonzola
40 g gehobelte Mandeln

Die Birnen schälen, der Länge nach halbieren und das Kerngehäuse entfernen. Mit der runden Seite nach oben in eine feuerfeste Form setzen. Den Käse in Scheiben schneiden und diese auf die Birnen legen. Mit gehobelten Mandeln bestreuen und bei 200 Grad ca. 15 Minuten im Ofen überbacken.

Käsebirnen

2 große, reife Birnen
50 g Danablu oder anderer Blauschimmelkäse
4–5 EL Sahne
2 EL gehackte Walnüsse

Die Birnen der Länge nach halbieren und das Kerngehäuse entfernen. Den Käse mit der Sahne weichrühren und die Birnen damit füllen. Mit gehackten Walnüssen bestreuen.

Moosbeerenkompott

300 g Moosbeeren oder Cranberries
¾ dl Wasser, Honig

Die Moosbeeren 8–10 Minuten im Wasser kochen und mit Honig abschmecken (sie dicken dabei ein). Abkühlen lassen, evtl. mit Crème fraîche servieren.

Gemischter Birnensalat

1–2 Orangen
2 Avocados
2 Birnen
40 g Pistazien oder Nüsse

Die Orangen schälen, in die einzelnen Segmente zerteilen und diese der Länge nach halbieren, den austretenden Saft auffangen. Avocados und Birnen schälen, in Scheiben schneiden (dabei Kern und Kerngehäuse entfernen) und in etwas Orangensaft wenden. Auf einer runden Servierplatte wechselweise Orangenschnitze, Avocado- und Birnenscheiben aneinanderlegen oder Avocado würfeln. Das Dessert mit gehackten Pistazien oder Nüssen bestreuen. Dazu evtl. eine Ei-Sahne-Creme servieren.

Gemischter Kiwisalat

2–3 Birnen
2 EL Orangensaft
200 g grüne Weintrauben
2 Kiwi
1 dl Sahne
2 EL gehackte Walnüsse

Die Birnen in kleine Stücke schneiden und im Orangensaft wenden. Die Weintrauben durchschneiden und die Kerne entfernen. Die Kiwi schälen und in Scheiben schneiden. Die Früchte mischen und in 4 Dessertgläsern anrichten. Die Sahne steif schlagen und auf die Früchte setzen. Mit gehackten Walnüssen bestreuen.

Nektarinensalat

3 Nektarinen
8–10 Zwetschgen
8–10 Reineclauden
1 dl Crème fraîche oder saure Sahne
2 EL gehackte Mandeln

Die Nektarinen in Würfel schneiden. Zwetschgen und Reineclauden durchschneiden, die Kerne entfernen und mit den Nektarinenwürfeln mischen. Die Früchte in 4 Dessertgläsern anrichten und mit Crème fraîche und gehackten Mandeln garnieren.

Käse-Obst-Salat

150 g Cheddar Käse
200 g blaue Weintrauben
2 Kiwi
2–4 Scheiben Ananas
2 EL gehackte Nüsse
Luzernesprossen

Den Käse in kleine Würfel schneiden. Die Weintrauben halbieren und die Kerne entfernen. Kiwis schälen, in Scheiben schneiden und die Scheiben halbieren. Die Ananasscheiben schälen und in kleine Stücke schneiden. Käse und Obst mischen und in Portionen anrichten. Mit Nüssen und Sprossen bestreuen.

Gemischter Birnensalat

Käse-Radieschen-Salat

1–2 Bund Radieschen
200 g Emmentaler
4 Blätter Eisbergsalat
1½ dl Crème fraîche oder saure Sahne
½ Knoblauchzehe
4 schwarze Oliven
Brunnenkresse

Radieschen in Scheiben schneiden, die grünen Blätter fein hacken. Den Käse in kleine Würfel schneiden. Die Eissalatblätter in kleine Stücke zerteilen und in 4 Dessertgläser oder auf Teller verteilen. Käse und Radieschen auf den Blättern anrichten. Crème fraîche mit zerdrücktem Knoblauch und evtl. Salz abschmekken, über den Salat gießen. Auf jede Portion 1 Olive setzen und mit reichlich Brunnenkresse bestreuen.

Stangensellerie mit Ananasfüllung

4–8 Stangensellerie

Ananasfüllung
50 g Schmelzkäse
2–3 Scheiben Ananas
ca. 10 schwarze Oliven ohne Kerne

Sellerie in einzelne Stangen zerteilen. Die schönsten der grünen Blätter aufheben.
Den Käse mit feingeschnittener Ananas verrühren. Die Creme auf die Selleriehälften füllen und mit halbierten Oliven garnieren.

Stangensellerie mit Käsefüllung

4–8 Stangensellerie

Käsefüllung
50 g Schmelzkäse
50 g Danablu oder anderer Blauschimmelkäse
ca. 4 EL Sahne
1 Schalotte

Die Selleriestangen halbieren. Die schönsten der grünen Blätter aufheben. Die beiden Käsesorten mit Sahne und gehackter Schalotte verrühren. Die Käsecreme auf die Selleriehälften füllen.
▷ Servieren Sie dazu Radieschen oder Weintrauben.

Apfelmus mit Mandelbaiser

750 g süße Äpfel
50 g Mandeln, 2 Eiweiß
½ dl Crème fraîche oder saure Sahne
100 g Granola
evtl. Honig oder Rohzucker

Die Äpfel schälen, in Achtel schneiden und in ganz wenig Wasser halbgar dämpfen, glattrühren und das Apfelmus in eine Auflaufform geben. Die Hälfte der Mandeln mahlen, den Rest grob hacken. Eiweiß halbsteif schlagen und die Mandeln, Crème fraîche und Granola hineinrühren. Evtl. mit Honig oder Zucker abschmecken. Die Mandelmasse auf dem Apfelmus verstreichen und bei 200 Grad ca. 30 Minuten im Ofen backen, bis die Oberfläche goldbraun ist.

Honigmelone mit Trauben

1 Honigmelone
250 g grüne und blaue Weintrauben
40 g gehobelte Mandeln

Die Honigmelone in Viertel teilen und die Kerne entfernen. Die Weintrauben durchschneiden und die Kerne herauslösen. Die Melonenviertel mit Trauben und Mandeln garnieren und portionsweise anrichten.

Gebackene Bananen mit Himbeeren

4 Bananen
250 g Himbeeren

Bananen 8–10 Minuten bei 200 Grad in den Ofen legen. Anschließend schälen und die Himbeeren darauf verteilen.
▷ Die Himbeeren können auch mit etwas Honigwasser aufgekocht werden, wenn man eine warme Sauce möchte.

Trockenfrüchte-Kompott

250 g Packung gemischtes Trockenobst
4 dl Wasser

Die Trockenfrüchte 6–8 Stunden in Wasser einweichen, in kleine Stücke schneiden und im Einweichwasser 15–20 Minuten kochen, bis die Flüssigkeit fast verdampft ist. Das Kompott mit gerösteten Mandelsplittern, Crème fraîche oder Milch servieren.

Kuchen

Ananastorte

Teig
80 g Butter
ca. 140 g Mehl
2 EL kaltes Wasser
1 Eigelb
1 TL Backpulver

Belag
½ Ananas
2 EL Honig
200 g Quark
2 EL gehackte Nüsse

Butterflöckchen, Mehl, Wasser, Eigelb und Backpulver rasch in einem Mürbteig zusammenkneten, ½ Stunde kalt stellen. Den Teig ausrollen und eine eingefettete Springform (ca. 25 cm Durchmesser) damit auslegen. Mit einer Gabel mehrmals einstechen und bei 200 Grad im Ofen 15–20 Minuten hellbraun backen (blindbacken).
Die Ananas in Scheiben schneiden und schälen. Einige Scheiben davon leicht pressen, um ca. 1 dl Flüssigkeit zu erhalten. Den Ananassaft mit Honig erhitzen und in den Quark rühren. Nach Belieben noch zusätzlich Honig dazugeben. Den Quark auf dem abgekühlten Kuchenboden verteilen. Die Ananasscheiben in kleine Stücke schneiden und auf den Quark setzen. Mit gehackten Nüssen bestreuen.
Der Kuchen sollte einige Stunden ruhen, bevor er serviert wird.

Apfeltorte

50 g Butter
4 EL Rohzucker
Vanillepulver
1 Ei, 50 g Nüsse
40 g Weizenmehl
1 TL Backpulver
1 Eiweiß
4 EL gehackte Datteln
500 g süße Äpfel

Butter mit Zucker und Vanillepulver weichrühren. Das ganze Ei und die gehackten Nüsse hineinrühren. Das Weizenmehl mit dem Backpulver mischen und in den Teig sieben. Das Eiweiß steif schlagen und vorsichtig unterheben. Den Teig ausrollen und eine eingefettete Pieform damit auslegen. Mit Datteln bestreuen. Die Äpfel schälen, in Scheiben schneiden und auf den Teig legen. Bei 190 Grad ca. 40 Minuten backen.

Gestürzter Apfelkuchen

30 g Butter
4 EL Rohzucker
500 g süße Äpfel
50 g Walnüsse

Teig
80 g Butter
50 g Rohzucker
2 Eier
100 g Weizenmehl
50 g Buchweizenmehl
1 TL Backpulver
3 EL Zitronensaft

Den Boden einer Springform mit Alufolie auslegen. Butter und Zucker schmelzen und in die Form gießen. Die Äpfel schälen, in Achtel schneiden und im Kreis im Wechsel mit gehackten Walnüssen in die Form schichten.
Für den Teig Butter mit Zucker weichrühren. Die Eier nacheinander dazugeben. Die beiden Mehlsorten mit dem Backpulver mischen und hineinsieben, zusammenrühren und zuletzt den Zitronensaft hinzufügen. Den Teig über die Äpfel gießen. Bei 200 Grad 50–60 Minuten auf der unteren Schiene backen.
Wenn der Kuchen abgekühlt ist, den Rand der Springform vorsichtig abnehmen. Den Kuchen stürzen.

Nußtorte

100 g Grahammehl
50 g Weizenmehl Type 405
100 g Butter, 1 Eigelb
2–3 EL Orangensaft
2 EL Rohzucker
1 Eiweiß
4 EL Rohzucker
100 g Nüsse, ½ dl Orangensaft

Die beiden Mehlsorten mit Butter, Eigelb, Orangensaft und Zucker zusammenkneten. Den Teig ausrollen und eine eingefettete runde Pieform damit auslegen. Eiweiß mit Zucker leicht steif schlagen. Die Nüsse mahlen und zusammen mit dem Orangensaft unter den Eischnee mischen. Die Nußmasse auf dem Teigboden verteilen und 20–25 Minuten bei 200 Grad backen.

Glasierter Nußkuchen

80 g Vollweizenmehl
80 g Weizenmehl Type 405
1 TL Backpulver
1 Prise Salz
1 Prise geriebene Muskatnuß
50 g Nüsse
ca. 1 dl Orangenjoghurt
4 EL Honig, 2 EL Butter

Die beiden Mehlsorten mit Backpulver, Salz und Muskatnuß vermischen. ¾ der Nüsse grob hacken und dazugeben. Joghurt mit 3 Eßlöffel Honig verrühren, in das Mehl gießen, gründlich rühren und evtl. noch Joghurt zusetzen. Der Teig darf weder zu fest noch zu weich sein. Den Teig in eine eingefettete runde Kuchenform füllen und bei 190 Grad ca. 20 Minuten backen.
Den letzten Löffel Honig mit Butter schmelzen. Die restlichen Nüsse mahlen und dazugeben. Diese Glasur 5 Minuten vor Ende der Backzeit über dem Kuchen verstreichen, fertigbacken.

Möhrenkuchen

180 g rohe Möhren
100 g gekochte Kartoffeln
2 Eier
4 EL Honig
1 EL Öl
50 g Nüsse
50 g Datteln
50 g Rosinen
1 TL Zimt
1 TL Nelkenpulver
½ TL geriebene Muskatnuß
75 g Vollweizenmehl
75 g Weizenmehl Type 405
1½ TL Backpulver

Möhren und Kartoffeln auf der Rohkostreibe raffeln. Die Eier hineinrühren. Honig, Öl, gehackte Nüsse, feingeschnittene Datteln, Rosinen und die Gewürze hinzufügen. Die beiden Mehlsorten und das Backpulver gründlich einarbeiten und den Teig in eine eingefettete Kastenform füllen. Ca. 40 Minuten bei 200 Grad im Ofen backen.

Kastanienkuchen

100 g getrocknete Eßkastanien
2 Eier
70 g Rohzucker
½ TL Vanille
evtl. 1 Prise Salz
40 g Nüsse
Öl, Granola

Die Kastanien waschen, 8 Stunden einweichen, im Einweichwasser 15 Minuten kochen und abtropfen lassen. Eigelb mit Zucker, Vanille und einer Prise Salz schaumig schlagen. Die Kastanien in der Küchenmaschine pürieren, Nüsse hakken und beides unter den Eigelbschaum heben. Eiweiß steif schlagen und vorsichtig unterziehen. Eine runde Kuchenform mit Öl auspinseln und mit Granola bestreuen. Den Teig in die Form füllen und bei 190 Grad etwa 30 Minuten backen.

▷ Der Kastanienkuchen kann mit frischen Früchten und Crème fraîche serviert werden.

Brot und Brötchen

In den folgenden Rezepten werden neben dem gewöhnlichen Weizenmehl auch gröbere Mehlsorten, ganze Kerne, Körner, Nüsse u. ä. zum Backen verwendet. Als Triebmittel wird hauptsächlich Hefe genommen. Hefe besteht aus lebenden einzelligen Organismen, die mit großer Vorsicht behandelt werden müssen. Es ist besonders wichtig, daß die Flüssigkeit, in der die Hefe aufgelöst wird, die richtige Temperatur hat. Wenn in den Rezepten lauwarmes Wasser angegeben wird, ist eine Temperatur von ca. 37 Grad gemeint. Bei geringeren Temperaturen läuft der Gärungsprozeß langsamer ab, bei höheren Temperaturen sterben die Organismen ab.
Um die Hefezellen zu aktivieren, werden dem Teig Kohlenhydrate in Form von Honig oder Rohzucker zugesetzt. Aus geschmacklichen Gründen und um die Struktur der Brote zu verbessern, sollte eine Prise Salz zum Teig gegeben werden. Auch Vitamin C in Form einiger Löffel Zitronensaft kann zum Gelingen eines Backvorgangs beitragen.
Während des Aufgehens soll der Teig bei einer Temperatur von 25–30 Grad ruhen.
Die Zeit für das Aufgehen des Teiges kann bis zu 12 Stunden verlangsamt werden, wenn er bei einer Temperatur von nur 20 Grad geht. In diesem Fall wird nur die halbe Hefemenge gebraucht.
Nur in wenigen der folgenden Rezepte wird beschrieben, wie die groben Kornprodukte einzuweichen sind. Gehen Sie davon aus, daß sie alle bei Zimmertemperatur weichen sollen. Die Wassermenge ist stets angegeben, 1 dl davon ist jeweils zum Aufwärmen und Auflösen der Hefe zu verwenden.
Bei dieser Vorgehensweise wird die Teigtemperatur reduziert und der Teig braucht die doppelte Zeit zum Aufgehen. Aber das Brot bekommt so eine bessere Struktur, weil die groben Kornprodukte die Möglichkeit haben, reichlich Flüssigkeit in sich aufzunehmen. Sehen Sie auch nach bei der Anleitung zu Sesam-Sandwichbrötchen (Seite 126).
Brötchen und Stangenbrot lassen sich auch in Backformen backen. Die Backzeit ist dann etwas länger als angegeben.
Alle Brote können eingefroren werden. Roggenbrot und Weißbrot evtl. vorher in Scheiben schneiden. Die Brote werden vor dem Einfrieren noch lauwarm in Plastiktüten verpackt. Dann behalten sie ihre knusprige Kruste.

Sauerteig-Roggenbrot

Brote aus Sauerteig zu backen, ist eine alte Zubereitungsart, die heute wieder gern angewendet wird. Das Aufgehen des Teiges erfolgt mit Hilfe von Milchsäure, die das Brot leichter verdaulich macht.
Auf den ersten Blick scheint es recht beschwerlich, mit Sauerteig zu arbeiten. Aber in Wirklichkeit ist es gar nicht so, man muß nur rechtzeitig anfangen. Wenn man den Grundteig (Starter + Teig) einmal zubereitet hat, braucht man davon nur eine kleine Teigportion (ca. 100 g) wegzunehmen und bis zum nächsten Backen im Schraubglas oder in einer Plastikdose im Kühlschrank aufzubewahren. Oder – noch besser – man friert ihn ein. Diese Teigportion dient später als Ansatz und muß nur noch in dem Wasser des Teiges aufgelöst werden.

Starter
100 g grobes Roggenmehl
2 TL Salz
2½ dl Joghurt

Teig
¾ l lauwarmes Wasser
1½ EL Salz
750 g grobes Roggenmehl
500 g Roggenschrot
2½ dl lauwarmes Wasser
Pflanzenmargarine

Den Starter aus Roggenmehl, Salz und Joghurt anrühren. Ca. 3 Tage bei Zimmertemperatur stehen lassen. In der Regel riecht man es, wenn der Starter genügend sauer ist.

1. Tag: Den Starter mit ¾ l lauwarmem Wasser verrühren. Salz und Roggenmehl dazugeben, gründlich rühren und den Teig an einem warmen Ort mindestens 12 Stunden stehen lassen.
2. Tag: Den Roggenschrot und 2½ dl Wasser in den Teig rühren, gründlich einarbeiten. Der Teig ist zu weich, um ihn zu kneten.

Zwei Kastenformen mit je 1½ Liter Inhalt mit Pflanzenmargarine ausstreichen (Pflanzenmargarine eignet sich hierfür am besten, weil bei anderen Fetten die Brote zu fest an der Backform hängen bleiben). Den Teig in die Kastenformen verteilen und weitere 5 Stunden gehen lassen. Ein feuchtes Tuch darüberlegen, damit der Teig nicht austrocknet. Bei 180 Grad backen. Wenn die Teigoberfläche die gewünschte Farbe hat, mit Alufolie abdecken. Nach ca. 1½ Stunden Backzeit die Brote aus den Formen nehmen und im eingeschalteten Ofen eine weitere Stunde stehen lassen.

Kleine Walnuß-Roggenbrote

½ l Joghurt
1 dl Wasser
½ dl Maisöl
50 g Hefe
½ EL Salz
½ EL Honig
200 g Mischmehl
50 g Walnüsse
100 g Roggenschrot
ca. 550 g grobes Roggenmehl

Joghurt, Wasser und Öl mischen und erwärmen. Wenn die Flüssigkeit fingerwarm ist, die Hefe darin auflösen. Salz, Honig, Mischmehl, gehackte Walnüsse und den Roggenschrot hinzufügen. Den Teig zusammenrühren und dabei so viel Roggenmehl hineinkneten, wie der Teig aufnehmen kann. Den Teig glatt und geschmeidig kneten, anschließend an einem warmen Ort 1½ Stunden gehen lassen. Den Teig zusammenschlagen und in sechs mit Öl ausgepinselte kleine Kastenformen füllen. Eine weitere halbe Stunde gehen lassen, dann die Teigoberfläche mit Wasser bepinseln. Etwa 1 Stunde bei 200 Grad backen.

Buttermilch-Roggenbrot

150 g Roggenschrot
50 g Leinsamen
4 dl kochendes Wasser
2½ dl Buttermilch
2 dl Wasser
50 g Hefe
1 EL Honig
½ EL Salz
Saft einer halben Zitrone
4 EL Öl
800 g Roggenmehl
ca. 200 g Weizenmehl Type 405

Roggenschrot und Leinsamen mit dem kochenden Wasser übergießen und 1 Tag weichen lassen.
Buttermilch und Wasser erhitzen, bis die Flüssigkeit fingerwarm ist, dann die Hefe darin auflösen. Die Flüssigkeit zum Roggenschrot schütten und Honig, Salz,

Zitronensaft, Öl und Roggenmehl dazugeben. Den Teig gründlich mit so viel Weizenmehl kneten, wie er aufnehmen kann. An einem warmen Ort 1½ Stunden gehen lassen. Erneut durchkneten und in drei mit Öl ausgepinselte 1 Liter-Kastenformen füllen. Nochmals 1 Stunde gehen lassen. Mit einer Gabel Löcher einstechen und die Oberfläche mit Wasser bepinseln. Bei 200 Grad ca. 1¼ Stunden backen.

Sesam-Sandwichbrötchen

500 g Vollweizenmehl
100 g Weizenschrot
½ l warmes Wasser
50 g Hefe
1 dl lauwarme Milch
1 EL Honig
½ dl Öl
½ EL Salz
1 EL Zitronensaft
75 g Sesamsamen
1 Stangensellerie
1 Ei
ca. 500 g Weizenmehl Type 405

Das Vollweizenmehl und den Weizenschrot mindestens 12 Stunden in dem warmen Wasser weichen lassen.
Die Hefe in der lauwarmen Milch auflösen und zum eingeweichten Mehl geben. Honig, Öl, Salz, Zitronensaft und Sesamsamen hinzufügen (etwas Sesam zum Bestreuen aufheben). Den Stangensellerie sehr fein hacken und zum Teig geben. Das Ei schlagen und die Hälfte davon in den Teig gießen. Das Weizenmehl nach und nach hineinrühren. Wenn sich der Teig von der Schüssel löst, auf dem Tisch gründlich durchkneten. An einem warmen Ort 2 Stunden gehen lassen. Anschließend gut durchkneten und kleine Brötchen formen. Die Brötchen dicht aneinander in drei eingefettete runde Kuchenformen setzen. Eine weitere halbe Stunde gehen lassen. Die Brötchen mit dem restlichen Ei bestreichen und mit Sesam bestreuen. Bei 225 Grad etwa 20 Minuten backen. Die Brötchen aus der Backform nehmen und nochmals für 10 Minuten in den ausgeschalteten Ofen schieben.

▷ Der Teig kann auch für Weißbrot, Stangenbrot oder normale Brötchen verwendet werden.

Vierkornbrot

50 g Haferschrot
50 g Weizenschrot
50 g Roggenschrot
50 g Gerstenschrot
½ l kochendes Wasser
50 g Hefe
1 dl lauwarmes Wasser
1½ dl Joghurt
1 EL Honig
½ EL Salz
2 EL Zitronensaft
½ dl Sonnenblumenöl
300 g Vollweizenmehl
ca. 600 g Weizenmehl Type 405

Das geschrotete Korn mit dem kochenden Wasser übergießen und ca. 12 Stunden weichen lassen.

Die Hefe im lauwarmen Wasser auflösen und zusammen mit dem Joghurt, Honig, Salz, Zitronensaft, Öl und Vollweizenmehl in den eingeweichten Schrot geben. Das Weizenmehl nach und nach hineinrühren. Wenn der Teig sich von der Schüssel löst, auf dem Tisch kräftig weiterkneten. An einem warmen Ort bis zur doppelten Größe gehen lassen (etwa 1½–2 Stunden). Den Teig erneut leicht durchkneten und in zwei eingefettete 1½ Liter-Kastenformen füllen oder zu Brötchen formen. Wieder eine halbe Stunde gehen lassen, dann einritzen und mit Öl bestreichen. Brötchen 25–30 Minuten, Kastenbrote ca. 40 Minuten bei 200 Grad backen. Die Brote aus den Formen nehmen und im ausgeschaltenen Ofen weitere 10 Minuten stehen lassen.

Haferflockenbrot

100 g Haferflocken
200 g Vollweizenmehl
6 dl Wasser
50 g Hefe
3 dl lauwarme Milch
3 EL Honig
½ EL Salz
2 EL Zitronensaft
4 EL Öl
100 g Gerstenmehl
50 g gehackte Walnüsse
ca. 500 g Weizenmehl Type 405

Haferflockenbrote sind sehr locker. Hafer, Weizen und Gerste ergeben zusammen mit Walnüssen eine ideale Geschmackskombination.

Haferflocken und Vollweizenmehl mischen und das Wasser darübergießen. Die Mischung einige Stunden weichen lassen, evtl. bis zum nächsten Tag.
Die Hefe in der lauwarmen Milch auflösen und zum eingeweichten Hafer/Weizen geben. Honig, Salz, Zitronensaft, Öl, Gerstenmehl und die gehackten Walnüsse hineinrühren. 400 g vom Weizenmehl dazufügen und den Teig sehr gründlich rühren. Der Teig soll nicht geknetet werden. An einem warmen Ort – nicht zugedeckt – 2 Stunden gehen lassen.
Den Teig auf den Tisch legen und mit dem restlichen Weizenmehl zu einem geschmeidigen Teig verkneten, er darf nicht zu fest werden. Entweder in zwei gefettete Kastenformen füllen oder etwa 40 Brötchen oder kleine Stangenbrote daraus formen. Eine weitere Stunde gehen lassen, dann mit Öl und verquirltem Ei bestreichen. Bei 200 Grad ca. 30 Minuten, Kastenbrote 40–45 Minuten backen. Die Brote aus den Formen nehmen. Weitere 10 Minuten in den ausgeschalteten Ofen schieben.

Graham-Weizenbrot

5 dl fettarme Milch
2 dl Joghurt
50 g Hefe
1 EL Honig
2 EL Öl
2 TL Salz
50 g Weizenkeime
100 g Buchweizenmehl
500 g Grahammehl
250–300 g Weizenmehl Type 405

Milch und Joghurt auf ca. 37 Grad erwärmen und die Hefe darin auflösen. Honig, Öl, Salz, Weizenkeime, Buchweizenmehl und Grahammehl in die Flüssigkeit geben, zusammenrühren und nach und nach Weizenmehl hineinrühren. Den Teig gründlich kneten und an einem warmen Ort 1 Stunde gehen lassen. Anschließend den Teig zusammenschlagen und wieder durchkneten. In zwei gefettete 1½ Liter-Kastenformen füllen und nochmals ½ Stunde gehen lassen. Die Brote mit Öl bestreichen und bei 200 Grad 35–40 Minuten backen. Aus den Formen nehmen und weitere 10 Minuten in den ausgeschalteten Ofen schieben.

▷ Aus dem Teig können auch Brötchen oder kleine Stangenbrote gebacken werden. Backzeit ca. 25 Minuten.

Gewürztes Frischkäsebrot

50 g ganze Weizenkörner
25 g Hefe
½ dl lauwarmes Wasser
250 g körniger Frischkäse
2 TL Honig
3 EL Öl
1 TL Salz
1 Ei
50 g Sesamsamen
2 EL gehackte Petersilie
1 EL frischer, gehackter Salbei
ca. 400 g Misch- oder Weizenmehl

Den Weizen über Nacht einweichen. Die Hefe mit dem lauwarmem Wasser verrühren. Den Frischkäse zusammen mit Honig, Öl, Salz, Ei, Sesam, den gehackten Kräutern und den abgetropften Weizenkörnern in das Hefewasser geben, gut zusammenrühren und nach und nach das Mehl dazustreuen. Den Teig mit so viel Mehl verkneten, wie er aufnehmen kann. An einem warmen Ort 2 Stunden gehen lassen. Anschließend den Teig zusammenschlagen, leicht kneten und in eine große eingefettete Kastenform füllen – oder Brötchen oder kleine Stangenbrote daraus formen. Nochmals ½ Stunde gehen lassen, dann mit Öl oder geschmolzener Butter bestreichen.
Brötchen ca. 25 Minuten bei 200 Grad backen. Soll die Kruste beim Kastenbrot schön knusprig werden, das Brot nach 25 Minuten Backzeit aus der Form nehmen und weitere 15 Minuten ohne Form backen.

Kümmelhörnchen

2 dl Wasser
100 g Quark
30 g Hefe
1 TL Honig
½ dl Sonnenblumenöl
1 TL Salz
1 EL Kümmel
zusätzlich Kümmel zum Bestreuen
1 Ei
150 g Mischmehl
ca. 300 g Weizenmehl

Wasser und Quark bis zu einer Temperatur von ca. 37 Grad erwärmen. Die Hefe darin auflösen und Honig, Öl, Salz und Kümmel hinzufügen. Das Ei schlagen und die Hälfte davon zusammen mit dem Mischmehl in die Flüssigkeit geben. Den Teig mit so viel Weizenmehl verkneten, wie er aufnehmen kann, gut durchkneten. An einem warmen Ort 1 Stunde gehen lassen. Den Teig zusammenschlagen, vorsichtig in längliche Stücke ausrollen, dann Dreiecke ausschneiden. Die Dreiecke zu Hörnchen zusammenrollen und auf ein gefettetes Backblech setzen. Die Teigmenge ergibt ca. 20 Hörnchen. ½ Stunde gehen lassen. Anschließend mit dem restlichen geschlagenen Ei bestreichen und mit Kümmel bestreuen. Bei 225 Grad 15–20 Minuten backen.

Grobe Tafelbrötchen

300 g Weizenschrot
200 g Grahammehl
6 dl kochendes Wasser
40 g Hefe
4 dl lauwarmes Wasser
1 EL Honig
2 TL Salz
Saft einer halben Zitrone
3 EL Öl
ca. 1 kg Weizenmehl

Weizenschrot und Grahammehl mit dem kochenden Wasser übergießen und über Nacht weichen lassen.
Die Hefe im lauwarmen Wasser auflösen und zum Weizenschrot geben. Honig, Salz, Zitronensaft und Öl hinzufügen. Nach und nach das Weizenmehl in den Teig rühren. Wenn der Teig sich von der Schüssel löst, auf dem Tisch gründlich weiterkneten. An einem warmen Ort 1 Stunde gehen lassen. Anschließend den Teig zusammenschlagen und wieder durchkneten. Ca. 24 längliche Tafelbrötchen oder runde Brötchen formen, auf ein gefettetes Backblech setzen und nochmals ½ Stunde gehen lassen. Die Brötchen mit Wasser bepinseln und bei 225 Grad ca. 25 Minuten backen.

Kleine Nußbrötchen

4 dl fettarme Milch
1 dl Dickmilch
50 g Hefe
2 EL Öl
1 EL Honig
2 TL Salz
100 g Sesamsamen
50 g Haselnüsse
350 g Vollweizenmehl
ca. 500 g Weizenmehl Type 405

Milch und Dickmilch bis ca. 37 Grad erwärmen und die Hefe darin auflösen. Öl, Honig, Salz, Sesam und die gehackten Nüsse (1 Teelöffel zum Bestreuen zurückbehalten) dazugeben. Das Vollweizenmehl in den Teig rühren und mit so viel Weizenmehl verkneten, bis der Teig schön geschmeidig ist. An einem warmen Ort 1 Stunde gehen lassen. Dann leicht durchkneten und zu ca. 14 Brötchen (Länge 13 cm) formen. Auf ein gefettetes Backblech setzen und nochmals ½ Stunde gehen lassen. Mit einem Messer kleine Ritze einschneiden, mit Öl bestreichen und die restlichen Nüsse darüberstreuen. Bei 225 Grad ca. 20 Minuten backen.

Rosmarinbrötchen

100 g Weizenschrot
100 g Sesamsamen
100 g Weizenkleie
½ l Joghurt
50 g Hefe
½ dl Maisöl
½ EL Honig, 2 TL Salz
1 EL zerriebener Rosmarin
200 g Grahammehl
ca. 400 g Mischmehl, Öl

Weizenschrot, Sesam und Weizenkleie im Joghurt 12 Stunden einweichen. Danach bis 37 Grad erwärmen und die zerkrümelte Hefe darin verrühren. Öl, Honig, Salz, Rosmarin und das Grahammehl dazugeben. Den Teig mit so viel Mischmehl kneten, wie er aufnehmen kann, gründlich kneten. An einem warmen Ort 1 Stunde gehen lassen. Den Teig anschließend zusammenschlagen und wieder kneten. Ca. 24 kleine, längliche Brötchen formen, nochmals ½ Stunde gehen lassen. Die Brötchen mit Öl bestreichen und bei 200 Grad ca. 30 Minuten backen.

Sonnenblumenbrötchen

4 dl fettarme Milch
200 g Quark
50 g Hefe
2 EL Öl
1 EL Honig, ½ EL Salz
50 g Sonnenblumenkerne
250 g Grahammehl
ca. 400 g Weizenmehl, Öl

Milch und Quark bis ca. 37 Grad erwärmen und die Hefe darin auflösen. Öl, Honig, Salz, die gehackten Sonnenblumenkerne und das Grahammehl hineinrühren und so viel Weizenmehl dazukneten, bis der Teig sich von der Schüssel löst. Gut durchkneten. An einem warmen Ort 1 Stunde gehen lassen. Anschließend den Teig zusammenschlagen und wieder leicht kneten. Ca. 26 Brötchen formen und diese auf ein gefettetes Backblech setzen. Nochmals ½ Stunde aufgehen lassen, mit dem Messer einritzen und mit Öl bestreichen. Ca. 30 Minuten bei 200 Grad backen.

Vollkornbrötchen

200 g ganze Hafer- und Weizenkörner
50 g Leinsamen
½ l Wasser
200 g Magerquark
50 g Hefe
1 EL Honig
½ EL Salz
2 EL Öl
2 TL zerriebener Thymian
300 g Mischmehl
ca. 550 g Weizenmehl
Öl

Körner und Leinsamen mit dem kochenden Wasser übergießen. Wenn die Flüssigkeit etwas abgekühlt ist, den Quark hineinrühren. Wenn die Temperatur auf 37 Grad abgesunken ist, die Hefe darin auflösen. Honig, Salz, Öl, Thymian und das Mischmehl dazugeben. Mit dem Weizenmehl zu einem glatten und geschmeidigen Teig kneten. An einem warmen Ort 1 Stunde gehen lassen. Dann leicht durchkneten. Ca. 32 Brötchen formen, auf ein gefettetes Backblech setzen und nochmals ½ Stunde gehen lassen. Die Brötchen einritzen und mit Öl bestreichen. Bei 200 Grad 20–25 Minuten backen.

Vollkornstangen

100 g Vollweizenmehl
100 g Weizenkleie
300 g Grahammehl
6 dl warmes Wasser
200 g Magerquark
50 g Hefe
4 EL Öl
Saft einer halben Zitrone
1 EL Honig, ½ EL Salz
ca. 400 g Weizenmehl

Vollweizenmehl, Kleie und Grahammehl mit dem warmem Wasser übergießen und ca. 12 Stunden weichen lassen.
Den Quark bis ca. 37 Grad erwärmen und die Hefe darin auflösen. Die eingeweichten Kornprodukte, Öl, Zitronensaft, Honig und Salz mit dem Hefe-Quark vermischen und gründlich verrühren. Mit dem Weizenmehl zu einem glatten, geschmeidigen Teig kneten. An einem warmen Ort 1 Stunde gehen lassen. Dann nochmals durchkneten. Ca. 22 kleine Stangen oder Brötchen formen, eine weitere halbe Stunde gehen lassen. Die Stangen einritzen und mit Wasser bepinseln. Bei 225 Grad ca. 30 Minuten backen.

▷ Falls die Stangen ganz knusprig sein sollen, kann man eine kleine Schüssel Wasser auf den Boden des Backofens stellen.

Kümmel-Stangenbrote

50 g Hefe
6 dl lauwarmes Wasser
100 g Weizenschrot
50 g Weizenkeime
50 g Sojamehl
1 EL Honig
½ EL Salz
1–2 EL Kümmel
250 g Vollweizenmehl
ca. 350 g Weizenmehl Type 405

Die Hefe in dem lauwarmen Wasser auflösen. Weizenschrot, Weizenkeime, Sojamehl, Honig, Salz und Kümmel hineingeben. Den Teig mit Vollweizenmehl gründlich verrühren, bis er sich von der Schüssel löst. Gut rühren, nicht kneten. An einem warmen Ort 1 Stunde gehen lassen. Dann mit Weizenmehl durchkneten und sechs ca. 40 cm lange Stangenbrote formen. Auf ein gefettetes Backblech heben und nochmals ½ Stunde gehen lassen. Bei 250 Grad 15–20 Minuten backen.

▷ Man kann eine Schüssel Wasser mit in den Ofen stellen, wenn die Brote knusprig werden sollen.

Sesamstangen

550 + 50 g Weizenmehl
275 g Grahammehl
200 g Sesamsamen
6 dl Wasser, 50 g Hefe
1 EL Honig
½ EL Salz
2 EL Öl
kalter Kaffee

Die beiden Mehlsorten und die Sesamsamen in einer großen Schüssel vermischen. Das Wasser bis ca. 37 Grad erwärmen und die Hefe darin auflösen. Die Hefeflüssigkeit mit Honig, Salz und Öl zum Mehl geben. Mit einem Löffel gründlich rühren und evtl. noch Weizenmehl hinzufügen. Der Teig soll nicht mit den Händen geknetet werden. Die Schüssel mit Plastikfolie überspannen und den Teig an einem warmen Ort 1 Stunde gehen lassen.
Die letzten 50 g Mehl auf den Tisch schütten und den Teig mit der Handfläche gut ausdrücken, zusammenklappen und nochmals ausdrücken. Dies wiederholen, bis der Teig geschmeidig ist. 24 ca. 15 cm lange Stangen formen, auf ein gefettetes Backblech setzen und ½ Stunde gehen lassen. Mit einem Messer einritzen und mit kaltem Kaffee bestreichen. Bei 225 Grad ca. 20 Minuten backen.

▷ Um die Kruste noch knuspriger zu machen, kann eine Schüssel Wasser mit in den Ofen gestellt werden.

Käsebrötchen

100 g ganze Weizenkörner
1 dl kochendes Wasser
50 g Hefe
½ l lauwarmes Wasser
1 EL Honig
½ EL Salz
2 EL Zitronensaft
4 EL Öl
150 g Cheddar Käse
400 g Mischmehl
600–700 g Weizenmehl
Kaffeesahne zum Bestreichen

Die Weizenkörner mit dem kochenden Wasser überbrühen und weichen lassen, bis die Temperatur auf 37 Grad gesunken ist (oder bis zum nächsten Tag). Die Hefe in dem lauwarmen Wasser auflösen und mit Honig, Salz, Zitronensaft, Öl, dem geriebenen Cheddar und dem Weizen mitsamt dem Einweichwasser vermischen. Das Mischmehl hinzufügen und nach und nach das Weizenmehl hineinrühren. Wenn der Teig sich von der Schüssel löst, auf dem Tisch gründlich weiterkneten. An einem warmen Ort 1 Stunde gehen lassen. Anschließend den Teig zusammenschlagen und wieder durchkneten. 38–40 Brötchen formen, auf ein gefettetes Backblech setzen und nochmals ½ Stunde gehen lassen. Die Brötchen mit Sahne bestreichen und nach Belieben mit geriebenem Käse bestreuen. Bei 200 Grad ca. 25 Minuten backen.

Würzige Käsebrötchen

50 g Hefe
½ l lauwarmes Wasser
200 g Magerquark
1 EL Honig
½ EL Salz
2 EL Zitronensaft
4 EL Öl
2 EL zerriebenes Basilikum
200 g Weizenschrot
500 g Vollweizenmehl
ca. 400 g Weizenmehl Type 405
150 g Emmentalerkäse
kalter Kaffee

Die Hefe im lauwarmen Wasser auflösen. Quark, Honig, Salz, Zitronensaft, Öl, Basilikum, Weizenschrot und Vollweizenmehl hineinrühren. Das Weizenmehl nach und nach dazustreuen und gründlich durchkneten. An einem warmen Ort 1 Stunde gehen lassen. Anschließend den Teig mit der Handfläche auf einem mit Mehl bestreuten Tisch gut ausdrükken. Den Käse in dünne Scheiben schneiden und auf der einen Hälfte des Teiges verteilen, die andere Teighälfte darüberklappen und leicht zusammendrücken. Mit einem Glas von 7 cm Durchmesser ca. 24 Brötchen ausstechen. Aus dem übriggebliebenen Teig mit den Händen Brötchen formen. Die Brötchen auf ein gefettetes Backblech setzen und wieder ½ Stunde gehen lassen. Mit kaltem Kaffee bestreichen. Bei 200 Grad 20–25 Minuten backen.

Register

Eigene Rezepte